MÉMOIRES

SOUVENIR A MES AMIS

LYON. — IMPRIMERIE PITRAT AINÉ, RUE GENTIL, 4.

MÉMOIRES

SOUVENIR A MES AMIS

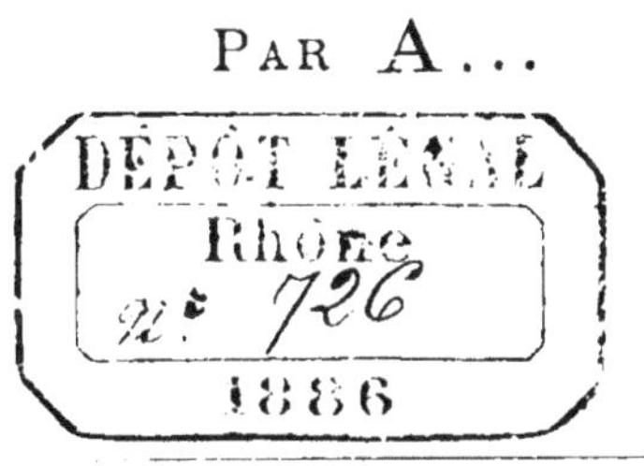

PAR **A...**

LYON

IMPRIMERIE PITRAT AINÉ

4, RUE GENTIL, 4

1886

PRÉFACE

Je dédie ce petit ouvrage à la mémoire de mon père : nos existences ont été tellement identifiées l'une à l'autre que je ne saurais séparer son souvenir du mien. Quelle nature d'élite ! Tout en lui plaisait et attirait. . Son cœur franc et bon renfermait un trésor de tendresse ; néanmoins, il était égoïste, je ne peux le cacher ; mais, n'est-il pas vrai que l'homme apporte ce germe en naissant ; et dans le fait, c'est son droit : étant le maître, il est naturel que tout se rapporte à lui. La femme aussi, parfois, veut s'attribuer quelque peu de cette prérogative, ce qui ne lui

convient pas, l'expérience me l'a toujours prouvé.
Dans son langage, mon père, sans être austère,
était moral et juste, et sur tout point intéressant;
la jeunesse, malgré la différence de l'âge, le
recherchait; il était très observateur, mettant
tout à profit: aussi on aimait à faire avec lui de
longues causeries qui toujours instruisaient.
Quoique d'une grande sévérité de mœurs, il était
indulgent sur les fautes d'autrui; l'inconduite
lui déplaisait, néanmoins, pour ne pas froisser le
coupable, souvent, à regret, il se taisait; ou
s'il lui arrivait de reprendre, ses remontrances
étaient faites avec tant de tact et de bonté qu'elles
étaient généralement bien reçues. On le trouvait
toujours affable, extrêmement poli envers tous,
même auprès des plus petits; mais, par contre,
il supportait difficilement l'offense; cependant,
je peux lui rendre le légitime témoignage que
pendant les dernières années de sa vie la force de
ses convictions religieuses l'aidait à mieux l'accepter; et cette heureuse rectification dans sa
manière d'être contribua puissamment à imprimer

plus encore à ses rapports sociaux un cachet d'inaltérable bienveillance.

C'est sous ce titre : *Souvenir à mes amis,* que j'adresse à toutes mes connaissances ce court exposé des luttes de ma vie. Dans ces mémoires, mon unique intention est de renouveler en ceux qui me liront le désir d'aimer par-dessus toutes choses Dieu leur créateur et leur sauveur. Pour arriver à ce but, je leur montre, en toute simplicité, la miséricordieuse assistance que ce Maître incomparable n'a cessé de prodiguer à mon âme, pour la guider dans la voie de son amour. Je voudrais leur prouver et surtout leur faire goûter cette ineffable vérité, que le recours confiant en Dieu, tout en procurant le bonheur de la vie présente, fournit pour l'avenir l'espérance d'une félicité sans bornes.

En écrivant ces quelques lignes, je pense à tous mes amis, à tous en général, et à chacun en particulier ; et mon plus vif désir serait qu'ils trouvassent, dans ce pêle-mêle d'idées, de sentiments qui me sont personnels, un mot, une pensée qui les éclairât, qui les instruisît sur ce point capital, et aussi qu'ils pussent garder dans le fond de leur cœur comme un sympathique souvenir de leur vieille amie. Au nom de ce souvenir, je les convie au ciel, notre commune patrie, où j'espère qu'avec l'aide de Dieu, nous pourrons nous retrouver un jour.

ANNE.

(Priez pour moi!)

AVANT-PROPOS

En l'année 18.., une enfant, qui fut nommée Anne, naquit à Lyon. Son père, Louis, homme juste et loyal, natif de Chambéry, en Savoie, avait été, à l'âge de dix-sept ans, amené dans cette ville ; et si jeune encore, il se trouva jeté dans le tourbillon de cette cité populeuse, sans guide, sans protecteur, et presque sans ressource. Issu d'une famille aisée et honorable, il devait s'attendre à mieux ; mais, disons-le, ce fut peut-être sa faute ; il aimait à s'amuser, négligeait ses études, et sa mère résolut de l'éloigner, espérant l'obliger ainsi à devenir plus sérieux. Elle lui préféra sa plus jeune fille, qu'elle garda auprès d'elle, et à qui elle laissa son bien, au détriment du fils, dont elle négligea l'avenir ; son père, relégué dans un domaine, qu'il possédait sur la montagne, tout occupé à le faire valoir, et à veiller sur ses cinq autres fils, ne s'en inquiéta pas davantage. C'était cependant un homme fortement trempé dans ses convictions religieuses, au point de ne pas craindre, pendant la tourmente révolutionnaire, et malgré sa nombreuse famille, de s'exposer pour transporter au delà de la frontière quelques-uns de nos malheureux prêtres proscrits.

Louis fut donc confié à des personnes peu soucieuses de le voir conserver ses principes de moralité, et placé par elles chez des gens assez bien en apparence, mais viciés dans le fond ; il y passa deux ans, ayant sans cesse sous les yeux de funestes exemples, et il en sortit oublieux de ses devoirs de religion, quoique toujours honnête et pur. Arrivé à ce moment décisif où il devait choisir la voie qu'il aurait à suivre, il trouva, en fabrique, un emploi convenable, mais pour lequel il lui fallait quelques avances de fonds, que sa mère lui refusa. Alors il prit le parti de s'établir chez lui ; et, bon gré, mal gré, il se mit au travail, que peut-être il négligea trop souvent, faute de goût et d'habitude.

A vingt-quatre ans, las de se trouver toujours seul au logis, il épousa la fille unique de braves parents, qui possédaient une petite aisance ; elle se nommait Alexandrine, était vertueuse, mais son caractère se trouvait en complète opposition avec celui de son mari. Par suite, les premières années de leur union furent difficiles : ils eurent d'abord une enfant, qu'ils perdirent aussitôt ! Après elle, vint Anne, dont la naissance fut, pour son père, le prélude et comme l'aurore d'une vie nouvelle.

MÉMOIRES

SOUVENIR A MES AMIS

PREMIER RÉCIT

VIE DE SACRIFICE

Le lendemain du jour où je vis la lumière, on me baptisa : je fus portée à l'église par une pieuse femme, qui donnait des soins à ma mère ; et, après la cérémonie, de son propre mouvement, elle me voua à la sainte Vierge, pratique qui, autrefois, n'était pas usitée comme à présent. A son retour, elle dit ce qu'elle avait fait, et ma mère en fut ravie ; elle me l'a souvent rappelé depuis. Heureux présage ! en effet, d'être placée de si bonne heure sous la tutelle de Marie !

1.

A quinze mois, je fus retirée de nourrice ; mon père me consacra tous ses loisirs ; et avec ce nouveau délassement, son intérieur lui devint moins pénible. Dès lors, les différends qui existaient entre ma mère et lui s'aplanirent, à tel point qu'il ne me souvient pas d'avoir jamais remarqué entre eux de discussion violente ; toutefois la divergence dans leurs idées ne fut pas détruite : elle subsista jusqu'à la fin.

Mon père et moi, nous nous entendîmes rapidement ; je devins son trésor, sa consolation ; et, en retour, il fut, pendant ma jeunesse entière, mon ami, mon confident, en un mot, après Dieu, le gardien de mon cœur. Je ne le lui ravis ce cœur que pour le déposer, entouré d'épines, aux pieds du Dieu qui me voulait tout à lui.

Le contraire existait du côté de ma mère ; là point d'entente, point de cordialité ; ce n'était pas sa faute, mais la conséquence de cette identité de nature avec celle de mon père qui me caractérisait, et qui, par le fait, formait un plein contraste avec la sienne. A peine si j'ose l'avouer, ce fut toujours pour moi un tourment d'être obligée de vivre près d'elle ; néanmoins je n'ai jamais rien laissé voir à l'extérieur qui ait pu le démontrer ; j'en bénis Dieu chaque fois que je me le rappelle ; car ce n'est qu'avec son aide, que je réclamais sans cesse et qui ne me fit pas défaut, que j'y parvins ; mais à quel prix ! Tout enfant j'en souffrais déjà ; c'est dans cette lutte primitive que mon cœur reçut la première blessure. Je grandis sous cette double influence de bonheur et de peine, mitigée l'une par l'autre. Dieu le permit, pour m'apprendre, dès le début, à marcher droit dans la vie, m'appuyant sur Lui, visant à Lui seul, sans jamais me reposer sur aucun bien de ce monde. Il l'a exigé de moi jusqu'à la fin, la suite le prouvera. O merveille de la grâce ! Ce Dieu infiniment jaloux de me posséder sans partage, me garda ainsi, dès mes premiers pas, entre ses bras puissants, pour m'empêcher de faillir d'un côté ou d'un autre ; tel le ferait la meilleure des mères envers son enfant bien-aimé ! Il fallait cela pour préserver ma nature tendre et ardente des attraits séduisants du plaisir... Et mon Dieu l'a fait pour moi ! Aussi, en vérité, je n'en ai jamais gouté aucun qu'en Lui, et encore presque toujours mêlé d'absinthe !

Le premier enseignement que me donna ma mère fut celui-ci : « Si tu fais cette sottise, le bon Dieu pleurera », et il porta son fruit. Combien il serait à souhaiter que toutes les mères en fissent autant ! Citer à son enfant le nom de Dieu, « le bon Dieu » ; lui apprendre, non pas à le connaître, ce serait commencer trop tôt, mais lui faire savoir qu'il existe, voilà ce que la mère chrétienne devrait, par ces simples mots, « le bon Dieu ! », à propos repétés, in-

culquer dans le plus intime de l'être de son tout petit
enfant; par ce moyen, cette image suprême récla-
merait et gagnerait le culte primitif de son cœur;
pour lors, l'affaire principale de son salut serait
faite : l'enfant saurait qu'il y a un Dieu ; et, quoi
qu'on lui dît plus tard, quoi qu'il fît lui-même, il
en resterait à jamais convaincu. On lui parlerait de
Jésus et de Marie d'une manière accessoire : ces
vérités, avec toutes les autres de la religion, devant
lui être développées à l'époque de sa première communion ; alors, s'il est docile et sous l'influence de
la grâce, elles se classeront dans son intelligence
sous le jour spécial qui lui conviendra pour suivre
sa vocation, voie tracée pour lui, par la divine Providence. Mais, en grâce! qu'on apprenne d'abord à
l'enfant qu'il y a un Dieu, qui sera le perpétuel
témoin de tous les actes de sa vie, et, dans tous ses
besoins, un secours qui ne lui manquera jamais.
Vérité essentielle, trop souvent méconnue! C'est, si
je ne me trompe, la plaie de notre siècle : on se
choisit une foule d'intercesseurs auxquels on s'a-
dresse, sans trêve ni repos, pour obtenir, le plus
souvent, les misérables biens de ce monde... et Dieu
est oublié ! On dirait qu'il est relégué dans une région
inaccesssible à nous, pauvres mortels ! Et cependant,
n'est-ce pas à Lui que nous devons principalement
recourir ?

Pour me sortir du milieu des jeunes gens que mon père occupait, on m'envoya en classe, dès l'âge de quatre ans ; j'y passais la journée entière. Heureusement, je fus remise entre les mains d'une bonne institutrice, d'une piété franche et éclairée, d'un jugement solide, dont les sages leçons tombèrent à point nommé, comme une semence choisie, sur la droiture native de mon esprit et de mon cœur ; je restai près de neuf années sous sa direction. De bonne heure, ses instructions me touchèrent, et elles se fixèrent si bien dans mon intelligence, qu'elles m'ont toujours servi de règle de conduite ; ses explications sur les mystères, lesquels, sans peine, je crus aussitôt, étaient tellement claires et simples qu'ils me devinrent compréhensibles, comme une chose toute naturelle ; aujourd'hui encore, j'en garde la même impression.

J'aimais à aller à l'église ; j'y suivais attentivement toutes les cérémonies, et lorsqu'un prêtre montait en chaire, je ne le perdais pas de vue ; rentrée à la maison, j'essayais, avec un air convaincu, de reproduire sa tenue, ses gestes, son langage ; ce qui prouvait que, si le sens des paroles m'échappait, j'en saisissais au moins la portée religieuse.

J'avais sept ans, lorsqu'une nouvelle enfant vint augmenter la famille. Pour le moment de sa naissance, on m'avait reléguée dans une pièce éloignée ; quand tout fut prêt, mon père vint me chercher ; il me prit **par** la main et me dit : « Viens, le bon Dieu t'a envoyé une petite sœur ! » En la voyant, je fus médiocrement contente ; on m'engagea à l'embrasser ; je le fis, autant qu'il m'en souvient, à contre-cœur. Sentiment instinctif, qui me faisait craindre de perdre l'affection si vive de mon père pour moi, et qui dénotait déjà un certain fond d'égoïsme : je voulais être exclusivement aimée ! Donnant beaucoup, j'exigeais beaucoup en retour ; cette exigence a été la cause capitale du martyre de ma vie : mon cœur n'avait jamais assez !... jusqu'à ce que Dieu, dans sa miséricorde, eût enfin ouvert mes yeux à la vrai lumière, lumière de l'expérience, qui nous apprend que tout ce qui passe est impuissant à remplir l'insatiabilité de nos désirs.

Il y a peu d'années seulement que j'ai acquis cette science, à mon avis la plus utile entre toutes. Enfin, l'enfant partit et ne revint pas !... Dieu en fit un ange, afin qu'elle priât pour celle qui, peut-être, ne l'aurait pas assez aimée.

Excepté ce fait, rien dans mon enfance ne dévoilait encore cette nature fougueuse qui déjà bouillonnait dans le fond de moi-même, et me préparait tant de luttes. J'étais toujours docile, ne montrant ni emportement ni résistance ; une seule fois (on me l'a dit depuis), je n'avais alors que trois ans, je m'obstinai fortement : mon père me corrigea, et dès lors tout fut fini. Ce qu'il y a de certain, c'est que je sentais vivement ; cela se traduisait par d'abondantes larmes ; je pleurais à tout propos. Sans aucun doute, j'étais domptée par ce triple mobile, dont le joug pesait sur mon âme : la crainte d'être brusquée par ma mère, de déplaire à mon père, et d'offenser Dieu ! Oui, déjà sans le savoir, je luttais, je souffrais ; déjà la pensée de Dieu me poursuivait ; déjà j'éprouvais le besoin de l'aimer. La preuve, c'est qu'avant d'avoir mes huit ans accomplis, je lui ai fait le don absolu de mon cœur. J'assistais à une cérémonie publique de l'église, où l'on chantait à l'unisson ce cantique :

> C'en est fait, ô Dieu Sauveur,
> A vous seul je donne mon cœur !

Par un mouvement d'amour spontané et fortement senti, je donnai à Dieu mon cœur, de telle sorte que depuis je n'ai jamais pu le lui redire : c'était dit, c'était sanctionné par une volonté précoce, mais bien déterminée ; c'était un fait accompli ! Heureux préservatif ! Sans cette bride prématurée, que serais-je devenue ? Une méchante créature, je le reconnais tous les jours. Et pourtant, je le répète, rien dans mon enfance ne pouvait le faire prévoir. A la maison, mes parents ayant la sage précaution d'éloigner toute autre enfant, je m'amusais seule et paisible-ment ; en classe, avec mes compagnes, j'étais douce et bienveillante, ce qui, à l'âge de douze ans, me valut toutes leurs voix, pour me faire accorder le premier prix. Il paraît que, dominée par ces graves pensées que j'ai déjà citées, celle de ma mère, pour craindre, non pas précisément elle, mais ce qui émanait d'elle; celle de mon père, pour l'aimer ; celle de Dieu, pour éviter de l'offenser, ma nature encore timide se laissait facilement tenir dans l'ordre. Mais lorsque, depuis longtemps battue par les flots comprimés de mon cœur, cette double digue de crainte et de timidité se rompit, quel torrent impétueux s'en échappa ! Il ne fallut rien moins que l'amour tout-puissant de mon Dieu pour en maîtriser le cours !

De cette perpétuelle contrainte, dont personne ne se doutait, tout mon être finit par se ressentir : ma santé, sans être malade, j'étais souffreteuse ; mon caractère, sans être précisément triste, j'étais sérieuse, je n'ai jamais connu les joies de la jeunesse ; mes études, j'apprenais peu ; on ne me poussait pas, c'était recommandé ; la mémoire me faisant défaut, je ne pouvais retenir que par l'intelligence, ce qui me demandait un travail au-dessus de mes forces, travail auquel je ne m'appliquais pas. Au reste, mes goûts étaient ailleurs ; chaque fois que je pouvais me réunir aux plus pieuses d'entre mes compagnes, nous causions ensemble des sermons que nous avions entendus, des instructions que nous faisait notre maîtresse ; et, lorsqu'elle nous parlait du martyre, nos jeunes cœurs s'enflammaient. « Quand nous serons grandes, disions-nous, nous irons loin, bien loin mourir pour le bon Dieu ! » et afin de nous exercer d'avance à souffrir nous nous faisions, avec quelque objet piquant, des signes pieux sur la chair. Lorsque arrivèrent les leçons pour la première communion, je m'en préoccupai uniquement. J'étais instruite, bien disposée, et pourtant tellement timide que je n'aurais pas osé répondre à la moindre question ; le prêtre qui faisait le catéchisme le savait, et il ne m'interrogeait pas. Timide à l'excès, défiante de moi-même, me croyant la dernière de toutes, encore une fois quel contraste, je n'en reviens pas, avec ce que je suis devenue plus tard ! d'un amour-propre sans égal, et affrontant tout pour arriver à mes fins ; heureusement, je le répète, l'amour de Dieu fut la barrière qui m'arrêta ; cela prouve à l'évidence que la contrainte dans laquelle je vivais empêchait seule ma nature de prendre son essor ; aussi j'en étais devenue souffrante ; mes parents consultèrent un médecin, qui leur répondit : « La lame use le fourreau ! » Il disait vrai.

Je me suis préparée, je crois, à ma première communion avec la meilleure bonne volonté possible ; j'ai apporté à cet acte important que j'allais faire, toute l'application permise à ma raison d'enfant, et pourtant je ne me souviens pas d'avoir éprouvé en ce jour aucun sentiment particulier ; mais un mois plus tard, au moment de la confirmation, comme j'étais à l'église, agenouillée, et le pontife sur le point de m'administrer le sacrement, un des prêtres qui l'assistaient fut obligé de me rappeler à moi : j'étais perdue dans une sorte de contemplation du mystère. Dieu et mon âme s'entendaient ; oui, déjà je goûtais l'amour divin !

En se mettant chez lui, mon père avait entrepris de faire fabriquer, à son compte, des étoffes de soie, négoce peu important, mais qui fut prospère au début ; plus tard, par suite du manque de confiance qu'inspirait un gouvernement en décadence, toutes les affaires commerciales souffrirent ; celles de mon père, éprouvant le même sort, déclinèrent au point de ne pouvoir plus suffire au soutien de la maison ; alors, et fort à propos, on lui offrit de prendre, à des conditions avantageuses, un établissement dont les possesseurs étaient embarrassés ; il accepta, avec l'intention de garder quand même, au moins pour quelque temps, sa première industrie ; ma mère devait continuer à s'en occuper. Bientôt, comprenant que, seul dans son nouveau labeur, il ne pourrait répondre à tout, et me voyant assez grande pour

pouvoir lui être utile, il me prit avec lui. Me voilà
donc, à douze ans et demi, placée dans une maison
fréquentée, il est vrai, par des habitués honorables,
à peu près tous chefs de commerce, maison de premier ordre pour la tenne, mais enfin un café ! c'est-
à-dire que j'étais au milieu de toutes sortes de
dangers, sans avoir à mes côtés une mère pour
sauvegarde ! Évidemment, Dieu m'a protégée ; et
l'affection toute amicale de mon père me fut aussi
d'un grand secours, dans cette période si péril-
leuse de ma vie. On m'aimait !... Pourtant, qu'on me
laisse le dire, si l'on m'aimait, on ne me ménageait
pas ! les circonstances l'exigeaient. Là encore, la
situation ne fut pas gaie pour moi ; aussitôt, mon
père me mit aux écritures ; il me montra deux ou
trois fois, au plus, comment il fallait m'y prendre,
puis il me laissa faire. J'étais donc chargée de la
main courante, du journal, etc.; et à la fin de chaque
mois, je devais tenir prêtes au moins trente notes,
compliquées par le *débit* et l'*avoir* de chacun, car
on jouait beaucoup, cela n'en finissait pas. Mon Dieu !
quel travail, pour une enfant de mon âge ! et lorsqu'au jour fixé, mes notes n'étaient pas terminées,
mon plus grand tourment étaient les reproches de
mon père que cela m'attirait. Aujourd'hui encore, je
rêve que je suis en retard de toutes ces écritures !...
Ma mère venait tous les soirs ; elle s'occupait du

linge, fournissait aux besoins du ménage, et le lendemain elle disparaissait. Mon père, obligé de sortir pour les affaires extérieures, et étant d'une santé faible, se réservait seulement la haute surveillance, dont il s'acquittait à merveille ; mais rien de plus ; tout le détail me restait. Je fus donc, au bout de peu de temps, obligée de prendre la responsabilité du courant de la maison ; et c'est ainsi que je me trouvai enchaînée dans cette vie d'esclavage, de vrais travaux forcés, que je continuai, sans interruption, pendant huit années.

J'y étais depuis trois mois à peine, lorsqu'une rencontre, qui pouvait devenir extrêmement funeste à mon innocence, se trouva sur mes pas ; je n'en comprenais pas même le danger ; néanmoins, avec une confiance d'enfant, je tournai vers Dieu le regard de mon âme, et aussitôt, je fus délivrée, comme par miracle, de ce piège diabolique. Première instruction, fournie sans doute par la divine Providence, pour me prémunir, dès le début, contre les périls auxquels m'exposait ma dangereuse position. En effet, la leçon me devint salutaire ; elle me mit en éveil contre toutes les autres occasions de ce genre, qui ne manquèrent pas de se présenter, et ainsi elle m'en préserva ; tant il est vrai qu'une jeune fille qui se garde est toujours bien gardée ; tandis que si elle se montre légère et imprudente, serait-elle entourée de

la plus active surveillance, elle ne sera jamais en
sûreté.

Je puis ajouter qu'on rendait justice à cette mo-
destie sans prétention aucune dont je faisais preuve;
elle m'obtint un certain prestige, une sympathique
admiration de la part des habitués de l'établissement, qui l'appréciaient et se prêtaient à me la conserver. Plusieurs fois, à un langage léger, j'ai
entendu quelqu'un répondre par ces mots : Chut!
chut! il y a ici des oreilles chastes!

Obligée de rester clouée la journée entière à ce
malheureux comptoir, qui devait être désormais
le siège de mon existence, chargée de l'effrayante
responsabilité d'une maison de ce genre, je fis de
généreux efforts pour me plier vite au joug, et je
crois que j'y parvins en peu de temps ; à tout prix,
je voulais contenter mon père! Pour me délasser de
ces devoirs multiples, fatigants, bien au-dessus de
mon âge, je n'avais, par un singulier contraste,
que mes poupées, dont je gardai le goût jusqu'à
quinze ans, et mon *Imitation*, livre béni, qui ne me
quittait pas, et dont le langage substantiel et clair,
tout en instruisant mon esprit, nourrissait mon cœur.
Jamais de causerie, jamais de promenade; je ne
pouvais m'absenter : j'étais indispensable; lorsque
je manquais le vide était immense. Qu'on me permette de le répéter encore une fois : tout en m'aimant

beaucoup, mon père était très exigeant; mais la seule pensée de le satisfaire me dédommageait amplement de mes fatigues de tous mes sacrifices. Sur un seul point, je fus inexorable : la pratique de mes devoirs religieux; tous les dimanches, j'assistais à la messe de paroisse; chaque mois, j'allais à confesse; surmontant de nombreux obstacles, je n'y ai jamais manqué. Heureuse persistance! qui jointe à la crainte d'offenser Dieu, toujours présente à mon esprit, me conserva pieuse et sage, malgré les séductions que le monde étala souvent à mes regards surpris, pendant le long espace de temps que je demeurai sous son étreinte. Grâces vous en soient rendues, ô mon Dieu! Tenant compte de ma bonne volonté, vous avez fait le reste!

J'avais de quatorze à quinze ans, lorsque j'entendis une instruction, où le prêtre rappelait à ses auditeurs tous les avantages renfermés dans le lieu saint, pour nous porter à Dieu : les fonts baptismaux, les confessionnaux; la chaire de vérité! l'autel! « Et, nous dit-il, si rien jusqu'ici ne vous a touchés, approchez-vous du tabernacle, un ami vous y attend! » A ces mots, je sentis que les aspirations de mon âme étaient satisfaites. Dès lors, chaque fois que je venais à l'église, je m'empressais d'exposer à Celui que j'avais trouvé mes peines et mes joies bien rares, hélas! Cela bientôt ne me suffit plus; le désir

de m'unir à Lui par la sainte communion se fit vivement sentir à mon ardeur naissante ; malheureusement, c'était impossible ; je n'étais pas libre, on le
sait. Je me bornai donc, avec une souffrance intime
que je ne savais définir, à le recevoir tous les mois,
seule permission qui me fût accordée ; mais permission dont je ne me départis sous aucun motif, tant
que nous gardâmes notre établissement.

Sur ces entrefaites, mon père fut obligé, pour des
arrangements de famille, de s'absenter pendant quelque temps ; son absence, par suite de causes inatten-
dues, se prolongea plus qu'on ne l'avait pensé d'abord,
depuis six semaines il nous manquait. Privée de sa
présence, je me mourais ; ma mère, inquiète de me
voir en pareil état, lui écrivit de revenir ; dès que je
le revis, je fus guérie immédiatement. Quelle nature
impressionnable ! et par elle, quelle inévitable cause
de souffrance, et trop souvent de péché ! Vos desseins
sont impénétrables, ô mon Dieu ! je les bénis, je les
adore ; tirez-en votre gloire ; c'est mon seul désir !

A dix-sept ans, je fus, pour la première fois,
demandée en mariage. Quand mon père me l'apprit,
en me laissant comprendre qu'il ne désapprouvait
pas cette proposition, je restai interdite. Jusque-là,
je n'avais jamais pensé que le mariage fût établi
pour moi. Cependant le parti était convenable ; les
familles entrèrent en relation ; seule, je demeurai

étrangère à ce qui se passait. A un moment donné, le futur que l'on me destinait me fut présenté; tout en le recevant gracieusement, je ne le regardai même pas. On ne me contraria pas, on ne me pressa pas; on espérait que je finirais par consentir. Après six mois d'attente, mon père me força à me prononcer. Je répondis formellement: « Non! — Tu me mets dans l'embarras, reprit-il, depuis si longtemps que nous amusons ces personnes, comment faire? — Que ma mère vienne avec moi, lui dis-je, et je me charge de faire connaître ma décision. » En effet, je m'en acquittai à merveille; et à ma grande satisfaction, toute entrevue cessa.

Depuis quelques années j'écrivais mes pensées, mes impressions pieuses; et en cela j'avais un but déterminé: celui de les retrouver plus tard, si j'avais le malheur d'être tentée d'oublier Dieu, afin que le souvenir de ses bontés, de son amour, me retienne sur la pente fatale. Ces écrits, je ne les ai plus; je le regrette; ils étaient si simples, si candides qu'ils auraient pu êtres utiles à quelque autre petite âme du bon Dieu. Je n'ai jamais pu prier pour obtenir des grâces temporelles; quand il m'arrive quelque bien-être, j'en remercie Dieu; je crois que je n'y ai jamais manqué; mais je ne me rappelle pas l'avoir imploré pour les biens de ce monde, pas même pour celui que j'avais le plus à cœur, la conservation de mon

père ! Il y avait près de six ans que nous tenions le
café, lorsqu'il éprouva une forte émotion, qui lui
amena une hémorragie ; sa santé en fut tellement
ébranlée que pendant deux années consécutives, cet
accident lui revint avec intermittence, à périodes
fixes ; plusieurs fois nous fûmes sur le point de le
perdre. Alors ma mère me disait : « Prie pour ton
père, afin que Dieu le guérisse ! » Je priais en effet,
avec une grande ferveur ; seulement il m'était impossible de demander autre chose que le salut de son
âme. Mon père était un parfait honnête homme ; en
voici une preuve : Lorsqu'il me mit encore si jeune au
courant des affaires, il me dit : « Quand tu douteras
si tu as marqué ou non une consommation quelconque, n'oublie pas, ma fille, que je préfère la perdre
plutôt que de penser que tu as pu la noter deux foix ! »
Néanmoins, je le voyais délaissant ses devoirs religieux : cela me désolait, et me portait à supplier Dieu
sans relâche pour sa conversion. Je l'ai obtenue ! le
Ciel en soit béni ! Ces deux années pendant lesquelles
mon père fut malade m'avaient apporté un tel surcroît de surveillance et de fatigue que je n'y tenais
plus ; enfin nous trouvâmes, bien à propos, l'occasion
de céder notre établissement à un jeune homme que
nous employions depuis longtemps déjà. Nous en
retirâmes quelques bénéfices qui nous mirent à l'aise ;
sans que, toutefois, nous eussions assez pour nous

abstenir de travailler encore. J'étais contente, heureuse même de me soustraire à ce tourbillon d'affaires
qui ne me laissait aucun repos; mais qu'il me fut
pénible de rentrer dans cet atelier de soierie que je
n'avais pas revu depuis huit ans! quelle différence
avec ce que je quittais! Il me paraissait étroit et som-
bre, quoique l'emplacement en fût vaste et bien
éclairé; nous avions conservé ce local, en voici la
raison: Ma grand'mère mourut, et mon grand-père,
vieillard de soixante-quatorze ans, ne pouvait rester
seul; comme nous n'avions pas au café de logement
convenable pour lui, ma mère le reçut chez elle;
mais il prenait ses repas avec mon père et moi; de
cette manière, nous nous le partagions. Nous le conservâmes, malgré son grand âge dix-huit ans encore
agile et bien portant. Plus tard, je reparlerai de ce
bon grand-père, qui m'aimait comme la prunelle de
ses yeux.

Cependant pour amener un peu de diversion dans
notre vie si calme. comparée à celle que nous venions
de laisser, nous fîmes, mes parents et moi, un voyage
en Suisse. Au bout de quelques semaines, quoique
nous eussions prémédité de rester davantage, nous
fûmes obligés de revenir. mon père ayant repris son
malaise ordinaire.

Me voilà en présence d'une existence nouvelle. Je
m'étais donnée tout entière à Dieu; mais à ce moment,

le monde, que je n'avais connu jusque-là que pour
le détester, se montra à moi sous des apparences
plus douces. A cause de la santé chancelante de mon
père, nous avions loué un pied-à-terre à la campagne; il
était situé dans un clos, fréquenté par des personnes
bien élevées, vers lesquelles je me sentis attirée; par
suite, une lutte s'engagea dans mon intérieur : Dieu
et le monde se disputaient mon amour ! Dieu l'emporta
enfin ; je lui ratifiai cette donation de mon cœur que
je lui avais faite dans mon enfance... et cette fois,
ce fut à tout jamais !... Alors, dégagée des préoccu-
pations mondaines, et pressée par le besoin de me
donner... d'aimer.. je m'élançai avec toute l'ardeur
de ma nature à la poursuite du Dieu dont j'avais
entretevu les charmes... Je cherchais à le mieux
connaître, afin de l'aimer davantage, lorsqu'une
lumière subite, en éclairant mon âme, vint remplir
mes désirs :

« Le Verbe s'est fait chair, et il a habité parmi
nous ! » Oui, le Fils éternel de Dieu, souverainement
heureux dans le sein de son Père, a quitté son
bonheur et sa gloire pour venir sur la terre, par
amour pour toi, se faire homme, c'est-à-dire revêtir
l'humiliation et la douleur !

Voilà ton Dieu !... Abîmée, jour et nuit, dans la
contemplation de cet ineffable mystère, qui, d'un seul
coup, avait subjugué mon cœur, je ne mis plus de

borne à mon amour pour le Dieu avec nous. Alors, pour lui prouver qu'irrévocablement je voulais être toute à lui, j'ajoutai au premier don de mon cœur, que je lui avais déjà fait, celui de ma liberté ! Il l'accepta, j'en suis à peu près certaine ; car depuis lors il voulut être seul à me conduire dans la voie de son amour ; or, comme l'amour vrai ne se montre que par le sacrifice, il ne m'épargna pas sous ce rapport.

A ce moment, je quittai la lecture de l'*Imitation,* pour prendre de préférence : *Amour envers Jésus-Christ,* par Alphonse de Liguori. Je trouvai ce sujet de méditations plus conforme à mes aspirations présentes ; pendant plusieurs années, je le savourai avec délices. Chaque fois que je le pouvais, je ne manquais pas d'aller trouver mon Dieu à son tronc d'amour, tle abernacle. J'entrais habituellement à l'église par une petite porte, sur le fronton de laquelle étaient inscrits ces mots : *Domus Dei*, maison de Dieu. Aussitôt je me sentais pénétrée : Dieu est là ! J'y viens pour le prier ! le recevoir, assister à son sacrifice d'amour, entendre sa parole ! Pour lors, aucune autre chose ne m'occupait ; je me tenais en sa divine présence assez convenablement, je le crois, sans néanmoins m'assujettir à aucune contrainte ; ma dévotion était simple et naturelle ; je voyais et j'entendais le mouvement qui pouvait se produire autour

de moi, sans pour cela être détournée de ma pensée
dominante : Dieu est là !... et près de lui, je passais
mes meilleurs moments ! Oh ! que je suis heureuse
que cette pensée de Dieu ait dominé ma vie! D'abord
elle a fait mon bonheur ; c'est elle qui toujours m'a
encouragée, m'a consolée, et enfin m'a préservée des
innombrables dangers qui se sont présentés sous mes
pas.

Pour montrer l'indispensable obligation du devoir
de recourir incessamment à Dieu, j'ajoute que le
secours que nous attendons de nos intercesseurs
auprès de Lui ne peut être que secondaire; nous
devons réclamer leurs suffrages et nous servir de
leur assistance seulement pour qu'ils nous conduisent
et nous attachent à Dieu, notre premier principe et
notre unique fin ; au reste c'est leur propre désir.
Un jour, désolée de ne pas sentir pour la très sainte
Vierge cette amour tendre qu'elle mérite à si juste
titre, je m'en accusais humblement devant elle ; et il
me sembla l'entendre me répondre : « Aime Jésus et je
serai contente ! » Si j'insiste sur ce point, c'est que,
d'après ma propre expérience, j'en ai reconnu l'extrême nécessité. Oui, l'entraînement presque invin-
cible de ma nature m'aurait certainement égarée
dans des chemins perdus, sans cette digue solidement
établie dans mon esprit et dans mon cœur : le souvenir continuel de la présence de Dieu ; exercice que

je regarde comme la règle et le secours invariable de toute âme voulant opérer son salut.

Il arrive quelquefois que, pour se justifier, pour se rassurer contre cette fuite, ce délaissement de Dieu, qui portent tant de personnes à rechercher sans cesse d'autres intercesseurs, au lieu de s'adresser directement à Lui, on dit qu'on le craint trop ! Mais pourquoi le craint-on ? Précisément parce que, pendant l'enfance, on ne nous a pas habitués à marcher sous son regard paternel, à recourir à Lui dans nos petits chagrins ; c'est cependant une disposition nécessaire pour pouvoir mettre à profit les leçons de la première Communion : car si nous sommes déjà éclairés par ce premier enseignement, les instructions nouvelles qu'on nous donne à cette occasion nous surprennent et nous entraînent, en nous révélant que Dieu est non seulement notre créateur et notre père, mais aussi notre sauveur ; qu'à cette fin. Il a quitté son Paradis où Il était souverainement heureux, pour venir au milieu de nous partager toutes nos infortunes ; alors infailliblement nous apprenons à l'aimer, et nous nous trouvons délivrés pour toujours de cette crainte servile qui nous éloigne de lui. Donc, apprendre à l'enfance de prier Dieu et à craindre de l'offenser, c'est lui fournir les premiers éléments de la science chrétienne, comme lire et écrire sont ceux de la science humaine ; ils ouvrent la voix, ils y font marcher avec facilité. Avec eux, on peut arriver aux plus hauts enseignements ; sans eux, dans l'un et dans l'autre cas, on reste ignorant à jamais. Et l'ignorance religieuse, c'est le péché de notre époque, qui peut conduire au plus grand des malheurs, la perte de la foi.

Je me vis donc, à vingt et un ans, engagée dans un nouveau genre de vie, et je résolus de m'y enfermer, comme dans un petit sanctuaire : ayant définitivement renoncé aux plaisirs du monde, je voulais être toute à Dieu et à mes parents ; perspective qui ne m'apparaissait pas sous de très brillants dehors, mais que j'acceptais néanmoins avec un fonds d'espérance, non pas d'y rencontrer le bonheur, à vingt ans, on ne l'ambitionne pas, on ne le comprend même pas, ou du moins on ne le voit que dans la satisfaction de son attrait présent, mais d'y trouver une certaine tranquillité conforme à mes désirs ; je basais cet espoir sur le dévouement sans borne dont je me sentais animée pour ce double culte si cher à mon cœur : Dieu et mon père ! Mais ce que j'attendais fut loin de se réaliser.

Par suite des circonstances que j'ai rapportées, mon instruction avait été négligée ; pour y suppléer on me fit prendre des leçons pendant une année entière ; alors mon intelligence s'éclaircit, s'ouvrit ; comprenant les choses sous un point de vue nouveau, je pris goût à l'étude; j'aurais désiré continuer, pourtant la raison l'emporta. Je l'ai dit, mes parents étaient obligés de travailler encore, et je ne voulais pas les quitter; c'était irrévocable. Que faire? En restant avec eux, je devais leur être utile; je me décidai donc à me mettre au courant du métier, résolution qui me parut bien dure! Ce qui me consolait c'était cette réflexion : là au moins, je pourrai librement penser à Dieu! J'appris juste ce qu'il me fallait savoir pour enseigner, et dès ce moment je fus à la tête de l'atelier. Quel avenir s'ouvrait devant moi! et encore je n'entrevoyais qu'à demi les ennuis qu'il me préparait. En quittant le café, je me figurais y avoir souffert tout ce que l'on peut souffrir ici-bas; et je ne me doutais pas que je n'avais eu là que des roses, comparées aux épines qui depuis ont enlacé ma vie!

Je m'étais mise à l'œuvre avec courage, et, sur-montant, non sans peine, toutes les difficultés, je fus bientôt à même de pouvoir démontrer, tâche qui me fut dès lors spécialement confiée; par suite, je me trouvai responsable de la conduite du travail; mon père en gardait la haute direction; de loin, de sa chambre, — rarement il paraissait à l'atelier, — il savait tout, excepté mille petits détails qui souvent chan-gent la face des choses; néanmoins il commandait à sa façon sans avoir donné le visu nécessaire, ce qui

très souvent rendait ma situation difficile; puis, par
le fait, ma mère se trouvait au dernier rang, et ne
voulait cependant pas renoncer à son ancienne auto-
rité; j'étais donc en contact direct et continuel avec
elle, sans être toujours en conformité avec sa manière
de voir; ce ne fut pas mon moindre tourment; ainsi
j'avais les rênes en mains, et je ne pouvais conduire
à mon gré! position tout à fait fausse, qui dura près
de quinze ans, et contre laquelle ma volonté tenace
fut obligée de se briser. D'un autre côté, j'étais
chargée de diriger cinq jeunes têtes, tous enfants
de la campagne, bornés, revêches, mal élevés; ceux
qui avaient l'esprit droit finissaient par me comprendre, et m'aimaient; les autres me détestaient.
C'est à cette tâche pénible que j'étais désormais liée!
En outre, mon père, à cause de sa mauvaise santé,
avait besoin d'une nourriture à part; c'est encore
sur moi particulièrement que ce soin retombait; il
fallait que tout fût prêt à heure fixe, sans qu'on tînt
jamais compte du retard que pouvait avoir occasionné la surveillance du travail. Pour suffire à tout
je ne ménageais pas ma peine, je me multipliais, et
cela me devint supportable par l'habitude: mais si
le physique était absorbé, il y avait une autre por-
tion de moi-même qui réclamait: le moral, comme on
le sait, jouait chez moi le plus grand rôle; il voulait
aussi sa part d'existence; le cœur surtout; je ne

pouvais vivre que par le cœur, j'étais ainsi faite, Dieu
le savait. Sans doute, c'est dans des vues de miséricorde qu'il a placé sous mes pas tant de roseaux,
qui se sont brisés l'un après l'autre, et auxquels je
n'ai pu m'attacher que pour mieux reconnaître leur
faiblesse et leur impuissance. En toute vérité, la vie
du cœur est en Dieu seul; et, faut-il le dire, je
l'expérimente aujourd'hui, n'est qu'en sa volonté
suprême!

J'aimais toujours beaucoup mon père. Mais l'amour
filial, le plus pur des amours de ce monde, peut-il
suffire pour satisfaire le cœur humain? Pendant
l'enfance, oui; dans l'âge viril, non; l'expérience
nous l'apprend tous les jours. Les uns cherchent le
bonheur qui leur manque auprès des créatures; pour
moi, c'est vers mon Dieu que, poussée par une impulsion nouvelle, j'élançai les aspirations brûlantes et
très exigeantes de mon cœur; vers ce Dieu, qui déjà
m'avait prévenue par tant de marques d'amour; qui
par ses attraits avait subjugué mon cœur, au moment
précis où le monde allait peut être en faire sa proie.
Cette fois, ce fut dans la divine Eucharistie qu'il
m'apparut avec ses charmes puissants, m'offrant en
Lui le meilleur des amis. Bientôt la communion me
devint indispensable; chaque matin, je prenais sur
mes moments si courts de liberté, un quart d'heure
à peine : mon cœur était toujours prêt; arrivée à

l'église, je me tenais dans l'ombre, pour ne pas scandaliser ceux qui n'auraient pas compris, attendant le moment désiré; et peu de temps après, je me retirais, emportant mon trésor, sans rien voir dans la rue, n'ayant de regard que pour l'hôte divin que je possédais au dedans de moi-même. Pieuse industrie! que je cachais avec soin; mes parents s'y seraient opposés. C'est ce qui arriva. Pendant quatre ans, j'avais réussi à leur dérober le secret de mon cœur; au bout de ce temps, ils le découvrirent; et, sans tenir compte de mon assiduité, de mon entier dévouement à leurs intérêts, ils mirent tout en œuvre pour me ravir cette unique satisfaction, celle de recevoir chaque matin Jésus mon bien-aimé! A cette époque, encore plus que jamais, je vivais dans un dur esclavage; je n'avais point d'amie; je ne prenais aucun plaisir, pas même le dimanche; à peine si je pouvais en ce jour assister aux offices; et néanmoins on n'était pas content; on me persécuta, jusqu'à ce que, non sans combat, non sans résistance vaincue par les obstacles qu'on me suscita, je mis bas les armes, je fis mon sacrifice... Sacrifice suprême qui, sans une intervention toute particulière de Dieu m'aurait coûté la vie. Et l'on m'aimait!... Oui, l'on m'aimait!... Un homme éminemment pieux, ami intime de la maison, me dit plus tard à ce sujet: « Votre père était jaloux du bon Dieu!... » Dans ce désespoir du cœur, ce tourment de l'esprit, qui détruisait tout le prestige, toute l'espérance qu'avait pu se former ma jeune intelligence sur l'existence humaine, que de fois me suis-je écriée : « Mon Dieu ! qu'est-ce donc que la vie ?... » Combien de gens jusqu'à leur dernière heure ignorent ce que c'est que la vie !... La vie, telle que nous la subissons, est une expiation de la faute de notre origine ; et, par suite, c'est le chemin rempli d'épines, qui doit nous conduire au ciel ! J'en conclus qu'avoir connu, aimé et servi Dieu, voilà seulement ce qui nous restera à la fin de notre existence.

Cependant, avant de lâcher prise, c'est-à-dire avant d'abandonner mes communions habituelles, je résistai longtemps à la persécution dirigée contre moi. Mon père employa tous les moyens possibles pour m'obliger à renoncer à ce qu'il appelait du fanatisme ; et lorsque je lui disais : « Imposez-m'en le gros sacrifice », il me répondait : « Je crains de compromettre ma conscience ! » Il voulait m'amener à le faire simplement pour l'amour de lui... Et je sentais, dans le plus profond de mon être, comme un impérieux devoir, qui me commandait jusqu'à un ordre contraire formellement reçu, de rester sur ce point, scrupuleusement fidèle à mon Dieu.

Dans l'inquiétude où me jetait cet état embarrassant, et sur l'avis d'une vénérable supérieure de nos

sœurs de charité, à qui j'avais confié mon chagrin,
je m'adressai au Père M..., homme de Dieu, s'il en
fut, pour lui demander ses conseils. Il me fit d'abord
persister dans ma résolution ; de son côté, mon père,
voulant à tout prix arriver à ses fins, alla le prier
de s'opposer lui-même à l'accomplissement de mes
vœux les plus chers; le prêtre refusa, et continua
de m'encourager à suivre la même voie, parce qu'en
m'enlevant mon divin soutien, il craignait de me voir
tomber dans un excès contraire. Pendant ce temps,
ce que j'eus à souffrir de la part de mes parents est
inexprimable : des paroles blessantes, des scènes à
tout propos, à ce point qu'un jour, ma mère me
rencontrant comme je revenais de communier, me
traita de folle, en pleine rue ! Écrasée de douleur, je
ne mangeais plus ; je travaillais quand même; on le
savait; n'importe, on n'était point touché; on voulait
arriver au but. Enfin, au bout de huit mois, mon
confesseur, voyant les choses ainsi poussées à l'ex-
trème, me dit : « Mon enfant, il le faut!... il le
faut!... résignez-vous au sacrifice. » L'ordre était
formellement donné, je me soumis. J'étais vaincue!
mais vaincue uniquement par l'amour de mon Dieu ;
je l'aimais d'un degré de plus. je lui obéissais!... en
toute vérité; Lui seul était le mobile de mon acquies-
cement, car la créature ne me paraissait point assez
digne d'un tel sacrifice. A ce moment, toute l'impé-

tuosité de ma nature prit son essor, et je formai
mille projets inconscients. Je ne pouvais plus soutenir la présence de mon père : il m'avait ravi mon
bonheur ! et je devais pourtant, sous des dehors calmes en apparence, qui cachaient mal l'orage intérieur,
l'entourer de soins assidus ; il ne s'en montrait pas souvent satisfait, de là des reproches incessants ; si je lui
répondais le moindre mot, il disait que je l'insultais ;
le plus ordinairement, je me taisais. En toute occasion,
il me citait le quatrième commandement : « Tes père
et mère honoreras, etc. » ; pourtant une fois, lasse
de l'entendre toujours répéter la même chose, je ré-
pliquai, avec une assurance qui me surprit moi-
même : « Mon père, il y en a un au-dessus, et le
premier de tous : « Un seul Dieu tu adoreras et ai-
« meras parfaitement » ; depuis ce jour, tout fut fini
sur ce sujet ; mais toujours la même aigreur subsista
entre nous ; cette vie ne me paraissait plus toléra-
ble ; pour m'y soumettre, je résolus de me faire car-
mélite ; d'après toute apparence, c'était ma vocation ;
les désirs de mon cœur paraissaient me le montrer ;
j'aimais la solitude, la contemplation ; et au Carmel,
j'aurais Jésus autant que je le voudrais ; tout semblait
donc m'attirer là ; je me le figurais, cependant je
n'y étais poussée que par le dépit, puisque auparavant, la pensée ne m'était jamais venue de
m'éloigner de mes parents ; aussi, Dieu ne le vou-

lait pas. Le père auquel je m'adressai le comprit;
il combattit ce désir, longtemps en vain; il finit
par m'en détourner en me laissant entrevoir que
mon père refuserait la dot exigée. « Et bien! je
me ferai sœur de Saint-Vincent-de-Paul! C'est
un attrait qui m'avait captivée dans mon enfance;
je partirai pour les missions étrangères. » Il s'y
opposa encore. Pour me consoler et m'encourager,
il me dit : « Vous aurez dans le monde tout le mérite de la vie religieuse! » Je ne m'en tins pas là.
Je me remis en tête un mariage autrefois projeté; on
m'attendait, je le savais : c'était un parent de mon
père; un signe de ma part aurait suffi; sous le rapport de la fortune, le parti était brillant. Je ne m'y
étais jamais sérieusement arrêtée, seulement alors
la raison me faisant défaut, je m'attachai à cette idée,
comme à mon unique planche de salut. Ce fut ma
première et dernière faiblesse en ce genre. J'en fis
part à mon confesseur, qui me répondit : « Si vous
voulez mourir plus tôt, oui. » Je compris qu'il ne l'ap-
prouvait pas; et moi, je le désirais si peu que je n'in-
sistai pas davantage. Que fallait-il donc faire ? Me
soumettre encore! En me soumettant, la nature s'im-
molait; je le sentais; jusque-là, quoique avec beaucoup de peine, tout m'avait été supportable; mais
alors, brisée, broyée par tant de luttes, à bout d'espérance, je ne pouvais plus vivre!

Par ma résistance prolongée, j'avais perdu l'affection de mon père ; et, ne pouvant plus communier, je perdais Jésus ; ainsi plus rien de sensible ne me restait pour satisfaire ce besoin immense d'aimer, qui formait tout mon être. Qu'on juge, si c'est possible, de mon désespoir ! L'épreuve était trop forte ; bientôt je tombai dans une langueur extrême ; il me devint impossible de me mouvoir, de travailler, de faire quoi que ce fût ; alors rien pour me distraire du sacrifice que je devais supporter ; je ne pouvais même pas lire ni écrire ; cette inaction obligée était mon plus grand tourment ; après six mois passés dans cet état, je sentis que la vie m'échappait ; je n'avais plus qu'un pas à faire, et j'étais vers ce Dieu, terme de mes désirs, sans lequel je ne pouvais plus exister. J'attendais ce moment ; j'y aspirais ; lorsqu'un jour, en plein midi, Jésus, le Dieu sauveur, m'apparut. Il se montrait porté sur des nuages, tenant en main sa croix, Il me dit : « Si tu le veux, viens avec moi ! » Surprise, ravie, j'écoutais... Il ajouta (et je compris que c'était son désir) : « Si tu le veux encore !... » Et Il me faisait voir une longue suite de souffrances de toutes sortes ! .. Eh bien ! oui, mon Dieu, lui répondis-je ; dix ans, vingt ans s'il le faut ; j'accepte tout pour vous plaire ! »

Il disparut, me laissant, pour gage de son amour, sa présence sensible ; don ineffable, qui, pendant

dix-huit mois, m'aida puissamment, quoique impar -
faitement, à supporter la privation de la divine
Eucharistie. Tant que dura l'impression sentie,
j'avais toujours Jésus présent à mes côtés ; mais je
ne le possédais pas, comme par la communion, dans
le fond de mon cœur ; néanmoins, retenue ainsi sous
l'étreinte de sa miséricordieuse tendresse, je pus surmonter tous les obstacles et lui rester fidèle. Sans ce
secours divin, que serais-je devenue ? Au même
instant, je repris mes forces et mon activité ; mon
changement fut tel que mes parents s'en aperçurent,
et me dirent : « Tu as l'air bien joyeux ! » Je n'avais
pas pensé que cela pût être remarqué, et je gardai
soigneusement mon secret ; je me remis aussitôt à
mes occupations ordinaires ; cependant ma santé
demeura altérée pour toujours ; depuis je n'ai fait
que languir et souffrir ; souvent, j'ai été obligée de
m'arrêter tout à fait, ce qui contrariait beaucoup
mes parents, parce que le travail se ressentait de
mon absence. A cela pourtant je ne pouvais rien,
car je ne cédais qu'à la nécessité ; néanmoins à ce
sujet avais-je à supporter des réflexions blessantes,
telles que celle-ci : « Tu es bien heureuse que ton
père se soit levé avant toi !.. » et d'autres semblables.
Une fois, ma mère me dit, en manière de reproche :
« Si tu voulais demander à Dieu ta guérison, tu
l'obtiendrais ; non, tu préfères sans doute... » elle

n'acheva pas ces mots, « nous être à charge ! » qu'elle avait dans la pensée. Je ressentis vivement l'amertume de ces paroles, et je me décidai à prier Dieu, non pas de m'accorder une guérison complète, mais seulement assez de force pour être à même de remplir mes plus strictes obligations ; et en échange de m'envoyer des peines morales, autant que bon lui semblerait. Je fus doublement exaucée. Depuis lors, en effet, il me fut toujours possible, quoique souvent avec beaucoup de difficultés, de m'acquitter de mes occupations principales ; aujourd'hui encore, malgré mon âge et mes nombreux malaises, je puis à peu près me suffire ; mais aussi, je le constate avec vérité, les tourments intérieurs ne m'ont pas fait défaut.

Ici, je tiens à rapporter un fait arrivé, je crois, un peu avant ce que je viens de dire : Ma mère monta un jour à Fourvière ayant un but déterminé : celui de demander à Dieu qu'Il déversât sur elle-même mes souffrances physiques, afin que je pusse m'acquitter mieux du soin de nos affaires. Sa prière achevée, elle se disposait à revenir ; cela ne lui fut pas possible ; elle ressentait une fatigue générale qui l'empêchait de se mouvoir ; elle essaya en vain de faire quelques pas ; toujours même douleur, même immobilité. Effrayée de sa position, elle ren-tra à l'église et dit à Dieu : « Sans doute, ma fille est plus forte que moi ; laissez-lui donc ses souf-

frances, et rendez-moi ma liberté ! » Aussitôt dit,
aussitôt obtenu, et elle put redescendre en ville
comme elle était montée. C'est elle qui, plus tard,
nous a mis au courant de cela. Ma mère avait une
foi vive et simple qui plaisait à Dieu ; souvent ses
prières furent exaucées d'une manière remarquable.

Après dix-huit mois passés sous la tutelle immédiate de mon Dieu et en sa divine présence, je vis
peu à peu s'effacer cette douce image, qui m'avait si
efficacement soutenue au milieu de mes peines ; puis
elle disparut complètement. Alors la vie de mon
âme changea complètement de face : le tabernacle
m'étant fermé, je n'eus plus pour ressource que le
Dieu crucifié, et ce fut au Calvaire que je fixai ma
résidence habituelle. Là, aux pieds du Sauveur, j'ai
passé quinze années consécutives, quinze années de
trouble, d'épreuves en tout genre. A part quelques
paroles fortifiantes que le bon Maître m'adressait
de temps en temps, tout autre secours me manqua.
Dans cette voie si rude, je n'avais pas même, pour
en tempérer la rigueur, cette dévotion douce et bienfaisante envers la très sainte Vierge, qui fait la consolation de tant d'âmes pieuses. J'ai connu Marie par
Jésus ; elle est la mère de Jésus, voilà ce qui m'attire
à elle ; je ne réclame de sa part qu'une grâce, c'est
qu'elle m'apprenne à souffrir pour l'amour de son
divin Fils ! Souvent dans mes moments d'angoisse,

je le lui demande par cette simple invocation :
« Sainte Vierge ! priez ponr moi ! » Je pense qu'elle
comprend et qu'elle écoute ce désir de mon cœur.
Sa conception immaculée augmente mes sentiments
pour elle ; je défendrais à outrance, si je la voyais
méconnue, cette auguste prérogative ; sous cette
auréole de pureté incomparable, je vois la Vierge
sans tache, prédestinée de toute éternité, pour donner
un Sauveur à l'humanité coupable ; mais là encore,
je l'aime parce qu'elle est la mère de mon Dieu. Le
Souvenez-vous et l'*Ave Maria* sont auprès d'elle
mes prières favorites.

J'aime aussi à me rappeler une intéressante légende
tirée de l'allemand, bien faite pour exciter à la dévotion envers cette toute-puissante protectrice. Je
suis portée à la placer ici, afin que la confiance qu'elle
inspirera réveille l'espérance dans les âmes anxieuses
au sujet de leur salut éternel.

« Je vais chanter un pieux ermite qui t'aimait,
Vierge sainte, par-dessus toute chose, et qui commençait tous ses discours par *Ave Maria*.

« Il avait un petit oiseau des bois d'un riche
plumage. Cet oiseau, qui habitait avec lui dans sa
cellule, pépiait et gazouillait gracieusement, et,
comme son maître, il chantait du matin au soir : *Ave
Maria*.

« L'oiseau, de sa cage étroite, voyait reverdir la

forêt. Un jour il prit son vol, et, libre sous la feuillée,
il se mit à chanter : *Ave Maria.*

« L'ermite le suivit, plein de tristesse, cherchant à
le reprendre ; mais l'oiseau voleta de buisson en
buisson, puis s'éleva, et, du haut des airs, il chantait :
Ave Maria.

« Alors, avec la rapidité de l'éclair, un féroce
vautour s'élance sur le petit oiseau, le saisit et l'é-
touffait dans ses serres tranchantes, lorsque l'oiseau,
dans sa douleur, se mit à chanter d'une voix plain
tive : *Ave Maria.*

« A ce chant si doux, le vautour s'épouvante : il
ouvre ses serres, et le pauvre oiselet sauvé mira--
culeusement, fait éclater plus haut encore : *Ave
Maria.*

« L'ermite, dans une grande mélancolie, se tenait
à la porte de son verger, quand l'oiseau vint se
percher sur sa main. Ils rentrèrent à la cellule et
chantèrent tous deux : *Ave Maria.*

Marie ! tu n'as pas permis au vautour de tuer
l'oiseau qui, dans sa détresse, chantait : *Ave Maria.*

« De même tu n'abandonneras pas le pécheur qui,
dans son repentir, dira d'un cœur sincère : *Ave
Maria !* »

Depuis que j'étais privée de la communion, je ne
pouvais plus demeurer à l'église; et lorsque me faisant
une extrême violence, je persistais à y rester, et que

je voyais les fidèles s'approcher de la table sainte,
j'éprouvais une souffrance pire que la mort. Parfois,
placée à l'écart, pour ne pas me trouver en face du
tabernacle, dont la vue me faisait tant de mal, je me
perdais dans l'extase d'un douloureux amour; on
me défendit de laisser aller les choses aussi loin.
Une fois, pendant l'octave du Saint Sacrement, agenouillée derrière un pilier, pour la raison que je viens
d'expliquer, j'aimais, je souffrais... et tout à coup,
je me sentis comme le cœur en feu. Trois jours
durant, je restai sous l'impression de cette fournaise
ardente. Une autre fois, j'étais à l'atelier en proie à
un affreux désespoir; je ne savais que devenir,
lorsque je vis le divin Sauveur paraître à mes côtés :
Il avait un visage sévère, était couronné d'épines,
et Il me dit d'un air courroucé : « Douterais-tu de
mon amour ! » Cette vision me laissa fortifiée, mais
terrifiée. Tout cela était-il un effet de la grâce, ou
le résultat de ma nature exaltée? Je l'ignore. Ce que je
sais, c'est que, à peu près à la même époque, pendant
une nuit où je ne dormaispas, et où, sous l'impression
d'un amour malheureux, j'étais désespérée, je crus
voir déborder de mon cœur une matière malsaine, qui
me représentait l'imperfection de ma manière d'aimer;
en même temps, j'entrevoyais un amour pur et calme,
un amour tout de foi, disposition dont je n'avais
jamais eu la moindre conception, et je comprenais

qu'il me fallait travailler à en arriver là. Depuis, que de combats! que de défaillances! Aujourd'hui, je n'aime plus mon Dieu que de ce genre d'amour, qui me fut alors démontré; il me donne la paix, la liberté; il est si calme, si peu sensible qu'il ne me semble pas que j'aime; c'est l'âme plutôt que le cœur qui en fait les frais; il me satisfait, puisque je n'en recherche point d'autre; toutefois il ne m'empêche pas de souffrir. Hélas! nul ne peut en douter, la souffrance est, jusqu'à la fin, l'apanage de notre condition mortelle.

En revenant un peu sur le passé, je puis dire qu'une fois installée dans cet atelier de soierie, si antipathique à mes goûts, et où je passais mon temps dans des assujettissements et des privations de tous genres, Dieu m'accorda en échange des grâces immenses. Pendant deux ans, mon étroite union avec lui se traduisit par des larmes, vive expression des tendres sentiments de mon cœur; larmes douces et paisibles, qu'au milieu de mon travail je pouvais facilement dérober à tous les regards. C'est alors que j'avais conçu cet attrait irrésistible pour la divine Eucharistie. Dans ce même temps, je lisais et relisais la *Vie de sainte Thérèse;* je savourais ses écrits; j'en avais retiré un besoin immense de souffrir; et, par mes souffrances offertes à Dieu, je désirais venir en aide à ceux qui travaillent à sa gloire. Par suite, je demandai instamment la souffrance, et cela durant vingt années consécutives. Peut-être, sous ce rapport, me taxera-t-on d'imprudence, de présomption. Mon confesseur à qui j'en parlai, me répondit : « Si vous demandez la souffrance, vous demandez nécessairement aussi la force de la supporter. » A cette époque et pendant trois ans, saint Jean de la Croix, avec sa doctrine austère, fut mon principal guide. Dans cet heureux moment, *aimer et souffrir* était ma devise et mon aspiration constante ; j'étais sous le charme de l'amour de mon Dieu ; ou plutôt c'est Lui qui faisait tout en moi. Je soupirais après la souffrance! Sans doute c'est pour me soumettre à la rigueur de ce rude exercice, la vraie souffrance, que je ne connaissais qu'en théorie, que Dieu opéra dans nosr elations intimes une transformation complète, transformation que je vais bientôt expliquer. Lorsque je fus privée de Jésus dans la communion, le désir du ciel ne me quittait pas, et j'aurais pu dire en toute vérité, avec sainte Thérèse : « Je me meurs de ne point mourir! » Alors j'adoptai pour pratique habituelle la dévotion au crucifix : aujourd'hui encore, elle est ma consolation.

Voici une formule de *Chemin de croix* dont j'ai toujours suivi les exercices avec profit. Ce qui la rend surtout appréciable, c'est sa brièveté : on peut aisément dérober quelques minutes à l'exigence des affaires temporelles, tandis qu'un temps plus long est moins facile à trouver. Et dans nos moments d'abattement, la méditation des fortes et onctueuses vérités qui y sont contenues, en relevant notre âme par l'espérance des récompenses éternelles, nous rend le courage nécessaire pour accomplir des devoirs souvent bien rudes.

I

JÉSUS EST CONDAMNÉ A MORT

Seigneur, vous nous avez dit : « Venez à moi, vous tous qui êtes dans la peine !... » et je suis venue méditer vos douleurs, car je sentais mon âme triste et découragée.

— Mon enfant, quand j'entendis mon arrêt de mort, je ne me décourageai pas... je pensai au péché... au pardon qui devait être le prix de mes souffrances, et mon amour me donna la force.

II

JÉSUS CHARGÉ DE LA CROIX

Que cette croix est lourde ! ô mon Sauveur ! comment avez-vous pu la considérer sans frémir ?... Comment avez-vous pu l'accepter sans vous plaindre ?

— Mon enfant, si tu veux rendre une croix aimable, prends-la de la main de Dieu, comme de la main d'un père, et porte-la pour lui avec amour...

III

PREMIÈRE CHUTE

Souvent, Seigneur, mon cœur se trouble, ma force m'abandonne. . et la lumière de la foi semble même s'éteindre !..

— Pauvre âme, est-il étonnant que tu sois faible ? Sache t'humilier, et demeurer ferme dans ton espérance. Job disait: Quand vous me tueriez, Seigneur, j'espérerais encore en vous !

IV

JÉSUS RENCONTRE SA MÈRE

O Jésus! la rencontre de votre sainte Mère, sa douleur, sa tendresse, ses larmes, durent briser votre âme...

— Mon enfant, éprouver le déchirement de la nature n'est pas une faute; c'est une occasion de mériter. Si pour plaire à Dieu, tu avais à lutter contre ton cœur, rappelle-toi Jésus rencontrant sa Mère.

V

SIMON LE CYRÉNÉEN

On ne trouve qu'un païen pour vous aider, Seigneur... Oh! que cet abandon dut vous être sensible!...

— Les hommes sont faibles, mais Dieu est fidèle,
mon enfant; ne compte pas sur les hommes; ne sois pas
surprise si tes amis mêmes s'éloignent de toi... j'ai
cherché des consolateurs, je t'ai cherchée longtemps,
et je ne t'ai pas trouvée...

VI

SAINTE VÉRONIQUE

Quelle consolation ce fut pour cette sainte femme
de voir, par une faveur insigne, la face adorable de
son divin Maître imprimée sur son suaire!..

— Voilà mon enfant ce que l'on gagne à me suivre
dans la voie des tribulations. A ces amis de mon
cœur sont réservées les grâces de choix, prix de la
générosité.

VII

DEUXIÈME CHUTE

Divin Jésus! vous succombez encore, et vous pour-
suivez néanmoins votre marche sanglante!...

— Je suis tombé pour relever le courage des âmes faibles. Ah! il me blesse à la prunelle de l'œil celui qui se défie de la miséricorde de mon Père, et qui désespère de son salut!

VIII

LES FILLES DE JÉRUSALEM

Que vos paroles, ô doux Sauveur, furent précieuses pour ces âmes désolées! Ah! parlez-moi aussi dans toutes mes douleurs...

— Mon enfant, bienheureux ceux qui pleurent!... Ils seront consolés... J'essuierai moi-même leurs larmes.

IX

TROISIÈME CHUTE

Encore Jésus le front dans la poussière!... Encore Jésus se relevant avec plus de courage!...

— Patience, mon enfant, patience! ne perds jamais confiance! la vie de l'homme est un combat continuel; mais Dieu ne permet jamais qu'il soit tenté au-dessus de ses forces, et la récompense sera grande!...

X

JÉSUS DÉPOUILLÉ DE SES VÊTEMENTS

Comme vous souffrez, ô mon Jésus! votre corps n'est plus qu'une plaie!...

— Je souffre pour expier tant d'attaches condamnables, et t'apprendre surtout à te laisser dépouiller de ta propre volonté; si tu veux le ciel, travaille à te détacher, travaille avec persévérance; cette lutte sera longue et crucifiante pour la nature; mais je te sautiendrai...

XI

JÉSUS ATTACHÉ A LA CROIX

Oh! que le temps de vos souffrances est long, mon tendre Père! que votre calice est difficile à épuiser! Il vous faut encore subir l'horible supplice de la croix!...

— Courage! mon enfant; un moment de tribulation procure un poids immense de gloire. Quand la maladie te clouera sur un lit de douleur, songe à ton Sauveur sur la croix!

XII

JÉSUS MOURANT

Qu'entends-je, ô mon divin Modèle! est-ce bien

vous qui dites : Mon Dieu! mon Dieu!... pourquoi m'avez-vous abandonné?

— Ah! mon enfant, si je n'avais pas prononcé cette parole, tu n'aurais pas connu la plus sensible de toutes mes peines. Quand il plaira au Seigneur de te délaisser, sache remettre ton âme entre ses mains.

XIII

JÉSUS DANS LES BRAS DE MARIE

O ma Mère! c'est votre cher fils, brisé, meurtri, méconnaissable!...

— Oui, mon enfant, c'est, mon Jésus anéanti! c'est mon Jésus doux, humble, obéissant jusqu'à la mort de la croix!.. En me faisant ta mère sur le Calvaire, il a voulu nous unir par l'amour, afin que sur mon sein tu deviennes un autre Jésus.

XIV

JÉSUS MIS AU TOMBEAU

O mon Sauveur! un tombeau m'attend aussi .. et c'est là que je trouverai, comme vous, la fin de mes combats... Mais après le tombeau viendront le repos et la gloire. O Jésus! que cet espoir m'anime!... Comme je serai heureuse de partager un jour votre

l bonheur, après avoir partagé avec vous l'humiliation
> et la souffrance !

Quand je revise tout ce passé, tant de grâces
> obtenues par un constant et assidu recours à Dieu, je
ɪ me sens portée à revenir encore sur le point déter-
ɪ minant pour lequel j'ai entrepris d'écrire « mes mé-
ɪ moires » : c'est-à-dire habituer l'enfant, le tout petit
ə enfant à penser à Dieu, à vivre en sa présence ; cette
ɪ manière d'agir, si on la lui apprend, ne lui sera pas
ɪ plus difficile à suivre qu'une autre ; et plus tard, il
ə en retirera un très grand avantage. J'apprécie que
ɔ cette méthode m'a été d'un puissant secours, dans
l les nombreuses épreuves qui ont sillonné ma vie.
» « Dieu, me dira-t-on, vous a fait de grandes grâ-
ɔ ces. » J'en conviens, et je l'en remercie du fond du
ɔ cœur ; mais tout autre à ma place aurait pu en
o obtenir autant. Dieu accorde sa grâce à celui qui la
ɪ lui demande, et l'homme qui pense à Dieu néces-
ɜ sairement le prie. Ici-bas, on a tant besoin de
ɜ secours ! A mon avis, l'exercice de la présence de
ɪ Dieu est la pratique par excellence ; toutes les fois
p que je rentre en moi-même, je reconnais véri-
ɜ tablement que je n'en ai jamais eu d'autre ; elle suffit
ɜ à tous les besoins de mon âme, elle compense tous
m mes sacrifices ; j'en conclus que c'est l'exercice
ɔ le plus facile et le plus profitable. Tous les direc-

teurs, ce me semble, devraient le recommander particulièrement, surtout à ceux qui souffrent. La souffrance prise de bonne part, mène à Dieu ; c'est le lacet dont il se sert pour attirer à lui les cœurs les plus rebelles. Que les âmes éprouvées le sachent bien : le recours immédiat vers Dieu, par une simple pensée, par un simple regard, est le baume tout-puissant qui adoucit les plus cruelles blessures .. et qui souvent arrive à les guérir. Je parle par expérience.

L'antipathie entre mon père et moi dura encore au moins pendant six ans ; six années, non pas précisément de désaccord visible (tout se cachait derrière les apparences), et pourtant de vraie répulsion. J'avais cédé aux désirs de mes parents ; je ne communiais plus, excepté le dimanche, — à cela j'avais tenu avec fermeté, autrement il m'aurait encore fallu y renoncer ; — mais je sortais davantage, ce qui était loin de leur plaire. Ma nature débordante avait besoin d'essor ; heureusement c'est vers le bien qu'elle se dirigea ; elle avait besoin de liberté, d'expansion : j'allais donc vers ceux qui consentaient à m'écouter et à m'instruire. Ici encore Dieu me conduisit et me garda. Je faisais en sorte que notre travail souffrît le moins possible de mes absences ; néanmoins, il est sûr qu'il se faisait moins bien quand je n'étais pas là. A mon retour, j'endurais des brusqueries sans

nom; j'en souffrais; ce qui ne m'empêchait pas de
sortir quand même le lendemain.

Cet état de choses durait depuis longtemps, lorsque nous perdîmes mon grand-père; ce bon grand-
père qui vivait avec nous, et dont j'ai déjà parlé.
Alors nous quittâmes notre travail, et, insensiblement la bonne harmonie se rétablit entre nous; puis
ma mauvaise santé m'empêchant de sortir, il en résul-
tait que j'étais presque toujours à la maison; c'est ce
que voulaient mes parents; dès lors jusqu'à la fin,
tout fut pour le mieux. Cet assujettissement auquel
j'étais soumise m'interdit de tout temps de prendre
part à aucune réunion, à aucune association pieuse:
ce fut toujours une grande privation pour moi. Sans
doute Dieu le voulait ainsi; je devais vivre seule, immolée sous sa main bénie, soutenue uniquement par
la force de mon amour pour lui. Et en examinant à
fond la situation, je trouve que la conduite de mes
parents envers moi entrait évidemment dans les desseins de la divine Providence: plus de faiblesse de
leur part m'aurait probablement perdue; j'en bénis
leur mémoire, et mon plus grand désir est que Dieu
admette leurs âmes au ciel, si elles n'y sont pas encore!

Je reviens à mon cher grand-père; en quelques
lignes, je retracerai son histoire. Orphelin en bas
âge, il fut placé sous la tutelle d'un parent qui ne

soigna pas mieux ses intérêts matériels que ses intérêts spirituels; pourtant il fit sa première communion; bonne première communion! Souvent il nous en parlait, et se la rappelait avec bonheur; malheureusement elle ne fut suivie d'aucune autre! Quand 1793 arriva, il était devenu un jeune homme; et, abandonné à lui-même, ne se sentant retenu ni par ses principes religieux, ni par un frein quelconque, il se lança dans le tourbillon de la Révolution, avec toute la fougue de son âge; il se fit même admettre franc-maçon; mais bientôt la droiture de son naturel lui montra qu'il se fourvoyait; alors il quitta tout, et la loge maçonnique, et ses amis politiques; il se maria et s'occupa uniquement de ses affaires et de sa famille. Il eut sept enfants, dont il ne put conserver que ma mère qui était la plus jeune; il perdit un fils âgé de quatorze ans, qui donnait les plus belles espérances, ce dont il eut un grand chagrin. Il vécut toujours honnête homme selon le monde; quant à ses devoirs religieux, il en était peu question. A la mort de ma grand'mère, nous le prîmes chez nous, comme je l'ai dit, et nous le conservâmes encore dix-huit ans. Je le voyais chaque dimanche assister à la messe; à cela se bornait toute sa dévotion. J'aurais voulu qu'il en fît davantage; mais j'étais si jeune alors que je n'osais pas élever la voix, je me contentais de prier pour lui. Le moment vint cependant où, plus grande et plus raisonnable, je me mis en devoir de lui exprimer mon désir. Ce que je lui disais était si doux! Je ne sais ce qu'il en pensait; il m'écoutait, sans toutefois en faire plus. Je continuai de prier, et, chaque fois que l'occasion se présentait, je lui glissais tout bas un petit mot sur le même sujet. Enfin, lasse de ne rien obtenir, je me décidai à m'expliquer plus sérieusement, à frapper plus fort; cette fois, il fut troublé, donc il était ébranlé; j'étais à peu près sûre de gagner ma cause; pendant longtemps encore je parlai haut, sans toutefois arriver à aucun résultat; à la fin, il me fuyait. Nous décidâmes que mon père tenterait un dernier effort; et un jour il se mit à l'œuvre. Grand-père, agité, bouleversé, lui répondit : « Je ne demande pas mieux; mais comment faire? — Mon père, je vous y mènerai! » Et ce fut entendu. Nous en restâmes là, attendant, toujours en priant, l'instant béni où Dieu lui-même voudrait bien toucher son cœur. Les choses étaient ainsi en suspens, lorsqu'un jour, mon père, partant pour un petit voyage, entra de bonne heure dans la chambre de mon grand-père, afin de lui dire adieu. Celui-ci, étonné, s'écria : « Comment! vous partez? et vous m'aviez promis de me mener à confesse! — Anne vous y conduira, mon père! » Et aussitôt dit, aussitôt fait. Grand-père se lève, et nous allons ensemble trouver le pré-

tre, qui devait l'absoudre, et lui ouvrir la porte du
paradis. En revenant, il était si allégé, si content,
qu'il voulait tout me raconter. Quinze jours après, il
y retourna, fut absous, et reçut le bon Dieu avec une
foi sincère. Tant il est vrai qu'une première communion bien faite est un gage à peu près certain de
salut.

Grand-père avait l'habitude de voir chaque jour
quelques anciennes connaissances, un petit cercle
d'amis ; il était tellement heureux, tellement convaincu, qu'il fit près d'eux le missionnaire et en
convertit plusieurs. Il avait alors quatre-vingt-cinq
ans ; il vécut encore six années, pendant lesquelles il
ne manqua pas d'entendre la messe tous les jours, et
de remplir son devoir à Pâques. Il jouissait d'une
santé parfaite ; seulement pendant les derniers mois
de sa vie, il fut obligé de garder la chambre, ce qui
était pour lui une rude pénitence ; il la supporta paisiblement, ne se plaignant jamais ; enfin il mourut à
l'âge de quatre-vingt-onze ans, après avoir reçu les
derniers sacrements avec une dévotion exemplaire,
ayant sa pleine connaissance ; il conserva sa présence
d'esprit jusqu'à sa dernière heure ; nous avons gardé
de lui un religieux souvenir.

Je termine là mon premier récit, « Vie de sacrifice » : sacrifice du cœur qui m'a infiniment coûté ;
mais dont la pratique m'a été facilitée, adoucie par

un secours permanent de la grâce sensible, puissant
auxiliaire qui va m'être ravi!... et il le faut ainsi,
pour arriver au second degré de cette vie mystique
ou de l'âme, que j'essaye de dépeindre, je veux dire
au « détachement du cœur », exercice dont je parlerai dans le chapitre suivant.

DEUXIÈME RÉCIT

VIE DE DÉTACHEMENT

Je reprends à ce moment où le bon Maître, voulant
m'apprendre à le servir uniquement pour l'amour de
lui-même, changea ses dispositions vis-à vis de mon
âme. Nous en étions au plus fort de notre mésintel-
ligence, mon père et moi; j'étais privée de la communion, et je venais de voir disparaître cette vision
bienveillante, secours providentiel que m'avait ac-
cordé le divin Sauveur... et mon cœur désolé, hale-
tant, cherchait partout ung eoutte d'eau pour étancher
sa soif. Cependant, je dois le dire, au milieu de cette
effervescence provoquée par un vide affreux, et
résumée par ce mot : le besoin d'aimer ! j'avais pour
bouclier la pureté d'intention, armure invulnérable
qui me garantit toujours contre les traits envenimés

de l'ennemi. Alors toutes mes impressions intérieures changèrent : jusque-là tout s'était passé entre Dieu et mon âme dans la paix la plus parfaite; aucune intervention étrangère n'était venue troubler nos relations intimes; quoique j'eusse connu les angoisses du cœur, sa divine impulsion avait continué à diriger, à soutenir, à ravir mon âme; jamais de combat, jamais de résistance. Maintenant tout prend une tournure contraire : Dieu disparaît, du moins en apparence, pour me laisser seule me débattre avec les créatures; jusqu'ici j'avais été nourrie de lait; dès lors, ce fut un pain noir et dur qui dut me sustenter. Je me souviens qu'un soir je priais désolée, éperdue, et je disais : « Mon Dieu,! pour me préserver du monde et de ses plaisirs, vous avez tout fait; soyez-en mille fois béni! mais pour me détacher de moi-même, que cela me paraît difficile! » Et j'entendis distinctement ces paroles : « Il faudra donc encore tout faire! » C'était Dieu qui me parlait. Ce langage divin m'encouragea, me fortifia; mais je n'en restai pas moins seule aux prises avec mes ennemis; la sentence en était irrévocablement prononcée. Jusqu'à ce moment, les choses d'ici-bas m'étaient demeurées étrangères; je vivais au milieu d'elles, portée, pour ainsi dire, sur les ailes des anges planant au-dessus de la terre; le qu'en dira-t-on du monde m'était indifférent; mon esprit et mon cœur aspiraient plus haut ; à part les peines de notre intérieur, rien n'avait pu m'atteindre. Par suite de ce changement, je me sentis brusquement arrachée à cette pure atmosphère, pour être précipitée dans un vrai cahot : le bourbier des misères humaines ! Mes défauts personnels, qui, jusqu'alors m'étaient restés presque inaperçus, parce que la force de la grâce en atténuait la violence, se montrèrent à moi sous un déplorable aspect, et s'accordèrent avec mes autres ennemis pour me livrer une guerre acharnée. Par ma nature, j'étais poussée à rendre le bien pour le bien, mais aussi le mal pour le mal ; j'eus à réagir contre cette malheureuse disposition ; or, c'est une lutte terrible et obligée pour l'âme qui veut demeurer chrétienne. Dans cette extrémité, chargée de ma lourde croix, je montais au Calvaire, unique refuge où je pouvais trouver mon Dieu ; là, immolée à ses pieds, je le conjurais d'avoir pitié de moi, lui promettant en retour un amour éternel. Je me sentais fortifiée pour un instant, puis je redescendais dans l'arène, et le combat recommençait. C'est dans ces moments d'abattement complet, où, brisé par autrui, brisé par soi-même, on n'ose pas se regarder en face, tant on se trouve laid, que pour m'aider à reprendre courage, je m'écriais :

> J'espérerai toujours en Jésus au Calvaire ;
> Sous les flots de son sang disparaît ma misère.

4.

Pendant quinze ans, je n'ai pas dévié de ce genre d'exercice. Et cela se passait dans le secret de mon intérieur; sous des dehors calmes et tranquilles, mon cœur était agité par des flots tumultueux; Dieu seul en était le témoin. Quelques-uns de mes confesseurs le surent aussi, car j'ai toujours été avec eux d'une extrême franchise; ils le comprenaient vite, et c'est ce qui, au milieu de l'embarras que pouvait leur causer ma direction difficile, les aidait à me supporter. A travers ces mille misères, l'esprit du Carmel ne me quittait pas; je gardais le même désir de souffrir pour la gloire de Dieu et le salut des âmes: mon but était-il atteint? Je souffrais si mal! Je choisis alors pour lecture: *Souffrances de Notre-Seigneur* par le père Thomas de Jésus. Les sublimes exemples que montre ce divin Modèle m'aidaient à en suivre, de bien loin, la trace.

Dans ce temps, je fis la rencontre d'une âme qui m'était supérieure; néanmoins je me crus chargée de lui donner, de la part de Dieu, quelques avertissements; je dépensai auprès d'elle le plus pur de mon cœur; tout fut méconnu, dédaigné!.. Je sortis de là exaspérée, brisée, en proie à la plus affreuse souffrance!.. Sous cette désolante impression, j'étais un jour à l'église; fixant mes yeux sur le Christ, placé derrière l'autel, je me plaignais amoureusement à Lui, et je lui disais : « Mon Dieu ! pourquoi m'avez-vous donné un cœur ? » Pour réponse, j'entendis ces mots : « Si je n'avais pas eu un cœur, je n'aurais pas sauvé le monde !... » Grave et premier échec, qui commença à me découvrir le vide de la créature ; mais qui cependant ne me découragea pas, dans le désir de la conquête des âmes. A peu près à cette même époque, j'eus une vue distincte du degré de détachement des choses du monde auquel Dieu m'appelait ; j'avais presque toujours à l'avance une espèce de prévision de la voie que je devais suivre. Cette fois, pour rendre fidèlement la portée de ce que j'entrevoyais, voilà ce que j'écrivais : « Rien ! rien ! le rien tout pur ! que c'est difficile ! Cependant par une grâce particulière, je l'aime ce rien ! Ce rien c'est ma croix ; cette croix, c'est la volonté de mon Dieu ! » L'expérience et la marche de la grâce me prouvent, après trente ans d'exercice, que c'est précisément à ce but élevé que j'étais appelée : Dieu seul !

Cette première épreuve du cœur fut suivie d'une foule d'autres, de même genre, dont je parlerai très peu, dans la crainte de me répéter ; elles formèrent autant de jalons, placés à des distances marquées, dans cette voie douloureuse où le bon Maître m'a fait cheminer sous sa garde tutélaire, afin de m'instruire sur ce point capital, qui est le fondement de moi-même : la science d'aimer ; voie jonchée d'épines, dont j'ai été constamment meurtrie, mais qui m'a conduite à un terme heureux ! Par cette longue lutte, en effet, j'ai fait la précieuse découverte que Dieu seul mérite notre amour ; et déjà ici-bas j'en savoure le bienfait. Que la femme surtout le sache bien, celle particulièrement qui, par sa vocation, se trouve engagée dans les légitimes affections de la terre ; l'amour en ce monde est un mensonge ; il promet le bonheur qu'il ne donne pas ; c'est une épreuve qui, par ses chances et ses variations multiples, doit exercer notre cœur pour le rendre digne de Dieu ; et c'est précisément par sa mobilité qu'il devient sujet à toutes sortes de défectuosités. Si par la plus grande des raretés, il suffit à nos désirs, à nos exigences présentes, qui nous assure de le garder constant demain ?... et enfin la mort l'épargnera-t elle ? Pour parer autant que possible aux innombrables déceptions qui l'attendent, que la femme prudente fasse deux parts dans son cœur, qu'elle en donne la meilleure à Dieu : celle-là ne lui fera jamais défaut ; qu'elle emploie l'autre au devoir, et même, si elle le veut, à contenter un peu sa satisfaction personnelle ; cette seconde part, elle doit s'y attendre, tôt ou tard lui manquera ; mais au moins, prémunie contre cet échec inévitable, elle se sera ménagé pour le moment redouté un solide point d'appui : Dieu ! qu'elle n'aura pas oublié ; qui en retour, la soutiendra au milieu des plus cuisants chagrins, et toujours lui tiendra généreusement compte de sa fidélité.

Je sortis de l'épreuve dont je viens de parler, le cœur surpris, aigri, déconcerté ; je ne savais plus où poser le pied, craignant de rencontrer partout un écueil ; malgré mes trente-deux ans, j'étais si novice dans le chemin de la vie, si peu habituée aux sentiers boueux du monde, qu'à la suite de ce premier et défavorable contact, je me sentis entièrement déroutée ; et avec cela je ne connaissais aucun guide qui pût m'aider à franchir ce périlleux passage. Heureusement Dieu me fit trouver à point nommé un révérend Père auquel Il donna grâce et lumière pour m'aider à débrouiller ma voie ; ce fut mon directeur pendant deux années, et il fournit à mon âme les meilleurs enseignements.

Après ces deux ans de fructueux rapports, je fus privée de lui : il fut appelé ailleurs. Il allait partir, lorsque récapitulant le passé, il me dit : « Quand vous êtes venue vers moi, vous étiez dans le vrai, mais comme enfermée dans une chambre remplie de brouillard. » C'était on ne peut plus juste. Par ses salutaires instructions, une clarté inconnue jusque-là se manifesta à mon intelligence : ses enseignements étaient forts, substantiels ; et, quelquefois les trouvant au-dessus de ma portée, je lui disais : « Mais

cela n'est pas pour moi ; c'est de la philosophie, c'est
bon pour les hommes ! — Sur ce point, me répon-
dait-il, de toutes les femmes, je voudrais faire des
hommes ! » Et il continuait. Par suite de cela, j'appris à discerner les effets distincts de l'imagination
et de la volonté ; point capital pour pouvoir apprécier
ses actes et les diriger droit vers le but que l'on
veut atteindre. Néanmoins, je n'éprouvai pas immédiatement le bienfait de cette étude ; elle me fraya la
voie ; et il me fallut encore du temps et du travail
pour arriver à la mettre tout à fait en pratique. Le
Père parti, me voilà de nouveau isolée ; je n'avais
plus de guide pour conduire mes pas encore si chan-
celants. Peu après, je lui écrivis ; mon langage lui
révéla facilement le désordre survenu dans mon
âme ; il me répondit par le billet que voici : « Pourquoi tant d'alarmes ? n'avons-nous pas dit des millions de fois que la vie n'est qu'une écrasante lutte,
qu'une rude ascension vers le ciel... et tout mon but,
dans les contradictions diverses par lesquelles je vous
faisais passer, n'était-il pas de vous prouver cette
crucifiante vérité, dans laquelle seulement se trouve
le repos ? Heureusement Jésus marche devant nous
avec une croix bien plus lourde ; allons... suivons- le
amoureusement ! agonisons avec Lui... mourons avec
Lui... n'importe le genre de mort qu'il Lui plaira
de nous imposer, nous vivrons avec Lui dans l'éter-

nelle gloire, dont tant de combats ne font qu'augmenter le mérite. Après tout, la vie passe... le temps fuit... le ciel se rapproche... Courage! »

C'était bien fait pour me remonter ; ma voie était tracée : suivre amoureusement Jésus crucifié! Je l'acceptai de tout mon cœur... Dès lors, je n'ai jamais recherché ni pu adopter d'autre direction. Jésus le Dieu sauveur, ayant reçu de ma main les rames de ma nacelle, ne voulut plus s'en dessaisir ; Il voulut être seul à me conduire, à me protéger à travers les nombreux écueils de la mer en courroux que j'avais encore à traverser... et, je l'espère, ce sera Lui encore qui me débarquera au port! C'est à ce moment aussi que s'imprima dans mon âme, en caractères ineffaçables, cette immuable sentence, qui devait être désormais l'unique mobile de ma volonté : Dieu seul!... Lorsqu'en face de ce tableau suprême, Dieu seul, — c'est-à-dire, pour la créature, immolation de tout ce qui est sensible, — je rentrais en moimême, pour en saisir toute la portée, je sentais ma nature frémir, mon être briser! Pour remettre l'équilibre, le bon Maître se montrait : « Patience et courage! me disait-il; l'heure n'est pas encore de mettre exclusivement ce principe en pratique ; en attendant, nous sommes deux; marchons ensemble!... travaillons ensemble!... ensemble nous arriverons!... »

J'en étais à essayer mes premières forces, lors

qu'une pénible nouvelle vint m'arrêter tout à coup ;
le Père que je venais de perdre, et qui m'avait tant
appris par ses sages leçons, avait quitté la Compagnie!... Décidément, je devais toujours souffrir au
cœur!... Ce qui me chagrinait surtout, c'était de le
voir dévier de sa voie! Pour remédier le plus possible à ce déplorable événement, je souhaitais qu'il
prît le parti de rentrer dans quelque autre ordre religieux. A cette intention, je priai saint Joseph pendant tout un mois; je lui avais promis, s'il m'obte-
nait cette faveur, de me dépenser tout entière à
propager son culte; il n'en fit rien : de mon côté, je
ne fis non plus rien pour lui, et je me trouvai ainsi
dégagée de cette promesse qui, du reste, n'entrait
pas dans l'ordre de la Providence; aucune dévotion
particulière ne devait me préoccuper; il fallait que
ma vie se passât spécialement à la recherche de
Dieu seul; travail pénible, aride, qui m'a laissée
seule gravir la montagne ; mais où l'assistance et
l'amour de mon Dieu, quoique cachés le plus souvent sous une désolante obscurité, ne m'ont jamais
manqué.

Donc, on le voit, l'exercice de la présence de Dieu
a été pour moi la voie, la vérité, la vie! Toutes les
âmes doivent y trouver le même secours : chacune
a sa route tracée; heureux qui sait la découvrir et
la suivre fidèlement! Mais je dis qu'en toute rencon-

tre, le souvenir de la présence de Dieu ne peut que nous être infiniment utile et profitable ! Ainsi, je le répète, qu'on ne néglige pas d'instruire l'enfance à ce sujet ; ici, c'est aux mères que j'en appelle ! Si je n'ai pas, comme elles, l'honneur de la maternité, j'en connais pourtant le principal secret : l'amour des âmes ! et, j'ose le croire, aucune d'elles ne me con - tredira. N'est-il pas vrai qu'en donnant à la terre un citoyen (comme on dit aujourd'hui), le plus vif désir comme le plus grand bonheur de la mère chrétienne résident dans l'espérance de fournir au ciel un bienheureux de plus ? Qu'elle face donc en sorte d'arriver à cette fin ; à mon avis, en voici le moyen à peu près immanquable : c'est qu'en pensant elle-même souvent à Dieu, elle apprenne à son tout petit enfant à vivre constamment sous le divin regard de ce Maître souverain, à craindre de l'offenser ! et cela, doucement, facilement, sans effort de part ni d'autre ; à chaque instant, à tout propos, elle lui communiquera sa propre pensée, celle qui réside au fond d'elle-même et qui la guide : la pensée de Dieu !

Après tous ces revers de l'âme, je m'attachai avec une ardeur fiévreuse à la croix de Jésus ; elle était mon unique appui : je ne l'ai plus quittée ; maintenant encore que volontiers je me passerais de ses infatigables poursuites, c'est elle qui s'attache à mes pas : en vieillissant les forces s'affaiblissent, le courage fait défaut; on ne réclame qu'une chose, la tranquillité, ce qu'elle ne donne certainement pas; aujourd'hui, dis-je, malgré l'accueil peu favorable que souvent je lui fais, elle s'établit mon inséparable compagne. Un révérend Père que je revis dernièrement, qui m'avait connue autrefois, et auquel j'énumérais mes misères présentes, me dit : « Vous avez demandé de la souffrance, vous en avez : c'est logique! » Aussi, quoique j'aie l'air de la recevoir de mauvaise grâce, au fond cependant, je ne m'en plains pas ; heureusement je me suis pour ainsi dire approprié la vertu d'un baume merveilleux dont, en toute rencontre, je me sers très efficacement : la pensée, le recours vers Dieu! Calmant salutaire qui, en vérité, adoucit tous les maux! Quelques personnes me conseillent de demander ma guérison, ou toute autre modification dans ma position difficile ; mais le puis-je? Assurément non : ce serait me déjuger! Je crois qu'il est plus sage et surtout plus méritoire, tout en criant souvent au secours, de laisser faire l'adorable volonté de mon Dieu. Oh! si l'on savait quel levier puissant est caché sous ce divin attrait : la volonté de Dieu! Il triomphe de toutes les difficultés, il enlève tous les obstacles, il abat tous les orages ; en un mot, il donne la paix en tout et toujours! Souvent on cherche loin, bien loin, et avec un tourment extrême, le remède à ses maux : si on savait le comprendre,

on le trouverait certainement dans ce simple mot :
Dieu le veut!

J'eus successivement différents confesseurs, que
je ne pus garder longtemps, toujours parce qu'ils
furent appelés dans d'autres résidences. C'est l'inconvénient de s'adresser à des religieux : à chaque instant, on est obligé de subir un changement pénible,
et souvent préjudiciable à l'avancement de l'âme.
Pourtant, sur ce dernier point, mes intérêts spirituels n'ont jamais éprouvé de dommage ; au contraire,
chaque nouvelle rupture était un stimulant qui me
forçait à gravir un degré de plus dans l'expérience
du cœur... et... je l'espère, dans le chemin du ciel,
dont la ligne droite était pour moi Dieu seul!...

À un certain moment, j'éprouvai d'affreuses tortures de l'âme : je ne cherchai point d'autre direction
que celle que je suivais, qui était toujours la même :
« Marcher à la suite de Jésus crucifié! » J'avais
néanmoins besoin de lumière, sur plusieurs points ;
à cette fin, je m'adressai à un religieux de la Compagnie de Jésus, saint personnage. très au courant
des voies intérieures. J'avais trois sujets distincts
de souffrance, que je lui exposai ; après m'avoir
longuement interrogée, il me répondit sur chacun
d'eux : Acceptez! Je n'avais donc qu'à me soumettre
à la position telle qu'elle était, telle que la divine
Providence avait permis qu'elle fût pour ce moment-

là. Cette solution compléta ma règle tracée, et m'aida
à cheminer plus sûrement à travers mes tourments
intimes. Elle m'aida!... Oui! mais le sentier était
rude à gravir, les épines le sillonnaient! le vide se
creusait toujours davantage dans mon cœur, et, par
surcroît, le bon Maître y ajoutait ses rigueurs appa-
rentes!...

Ma santé ne me permettant plus d'aller au loin
chercher une absolution, je me fixai à la paroisse.
Ce fut pour moi un énorme sacrifice de renoncer à
être dirigée par un membre de la Compagnie à laquelle
je tenais tant. J'aimais l'esprit de l'Ordre, à tel point
que, par moments, je me prenais à regretter de n'être
pas homme, pour embrasser une si enviable vocation.
Sous la conduite des Pères, je me trouvais en famille;
si l'un partait, j'en choisissais un autre; en les quittant, je sentis mon âme plongée dans une entière
solitude, ce qui aggrava beaucoup mes maux; aussi
le temps qui suivit fut le plus difficile à passer de
ma vie. Ce matin, je relisais mes écrits de cette époque : je savais que j'avais beaucoup souffert, mais
je ne me figurais pas que ce fut à ce point-là; j'y ai
trouvé dix années de terribles angoisses, d'intaris-
sables luttes intestines, pendant lesquelles mon cœur
n'avait ni paix ni trêve; heureusement il était déjà
rivé à la croix! oui, déjà ma volonté ayant, par les
leçons réitérées du divin Maître, reconnu le néant

des choses de ce monde, s'était fixé à Lui sans retour ;
autrement que serait-il arrivé? Et toujours c'était
ma malheureuse nature qui, en partie, provoquait
tant de maux ; par ses entraînements répétés, elle
entravait mes bonnes dispositions, elle me poussait
aux partis extrêmes ; il me fallait une spécialité ; alors
au lieu de marcher tranquillement dans la route
battue par la foule, j'étais obligée de me frayer à
grand'peine un chemin à part, qui, le plus souvent,
n'aboutissait qu'à des ruines ! Effrayée de tant de
misères, désolée de me voir par elles toujours sur le
point de perdre mon Dieu, et ne découvrant nullement en ma propre industrie le moyen de m'en
affranchir, je résolus de confier ce soin au bon Maître.
Je lui dis, avec un cœur bien déterminé à tout surmonter pour lui rester fidèle : « Seigneur, brisez,
tranchez, détruisez vous-même ce qui peut m'empêcher d'être à vous sans réserve ! » L'expérience me
donne lieu de croire qu'il a pris l'affaire en main ;
de là, tant de déchirements, tant de révoltes qu'opposa ma nature à cette œuvre régénératrice ! Si
j'eusse été plus souple à recevoir la correction, il y
a longtemps que mes chaînes seraient brisées ! Pour
expier ma faute, je suis condamnée à languir loin
de mon Dieu, sur cette terre d'exil ; et qui sait jusqu'à
quand encore !

Cet état d'âme continuellement éprouvée fait que

je mène une vie à part ; sans que personne s'en doute
je suis isolée entre tous ; la solitude est mon martyre,
parce qu'elle est en opposition absolue avec mes ten-
dances naturelles ; mais si je ne me trompe, c'est ma
destinée, marquée par la divine Providence ; je dois
être seule, pour goûter Dieu ! J'entends en cela la
solitude intérieure, dont rien de ce qui m'entoure ne
saurait me tirer. Je n'ai jamais pu trouver Dieu que
dans telle ou telle disposition d'âme, qui m'est particulière, qui m'est personnelle ; et mes confesseurs
ne me font quelque bien, qu'autant qu'ils savent sai--
sir et faire vibrer comme il convient cette fibre
cachée. Je vis au milieu du monde, et cependant
seule dans le monde ; je déplore les malheurs que lui
cause notre époque perdue, parce qu'ils atteignent
Dieu et les âmes ; excepté cela, rien ne me lie à lui,
rien de lui ne me préoccupe ; j'ai quelques bonnes
connaissances, beaucoup moins qu'autrefois : quand
on a vécu un peu de temps, on a vu la mort mois-
sonner, et autour de soi le vide se faire ; mais ces
relations, quoique familières, ne me sortent pas de ma
solitude, elles n'ont même pas le pouvoir de me distraire de ma souffrance accoutumée : ordinairement
en causant avec d'autres, je reste aux prises avec
moi-même. Je suis austère dans mes principes, dans
mes convictions, et peut-être pas assez dans mon
langage ; quelquefois je me le reproche ; voici ce qui

explique ma manière d'agir : je voudrais parler de
Dieu comme je le sens, c'est-à-dire amoureusement ;
dire surtout qu'on ne peut arriver à lui que par le
sacrifice, méthode qui n'est guère usitée de nos
jours où l'on veut plus de laisser-aller ; donc je ne
serais pas comprise, et encore moins goûtée ; j'en
conclus qu'il vaut mieux me taire, véritable peine
pour ma nature expansive, qui serait heureuse de
trouver une âme qui la comprît, un cœur qui répondit au sien pour s'entendre ensemble sur cet ineffable sujet : et ainsi sur ce point, je reste encore dans
mon isolement. Les pratiques religieuses me produi-
sent aussi un peu le même effet : je ne perds pas de
vue les mystères de notre sainte religion ; je m'asso-
cie en esprit à ses fêtes ; autant qu'il m'a été possible
j'en ai suivi les exercices, sans que rien des sentiments, des impressions qui en doivent ressortir ait
jamais réagi sur mes dispositions intimes ; il me faut
y demeurer, jusqu'à ce qu'une influence qui m'est
étrangère, celle de Dieu, — je ne puis en douter, —
vienne transformer mon état présent en un autre
que je n'avais pas prévu. De ce côté, on le voit, je
reste encore seule, enfermée dans mes sentiments
privés. Ma santé contribue également à me tenir
isolée ; elle est exceptionnelle ; là-dessus, qu'on me
permette quelques détails. Quoique je sois toujours
souffrante, je travaille quand même ; à cet effet,

je me surexcite, parce que l'inaction est pour. moi
le pire de tous les maux ; quand je ne puis m'occu--
per, ma souffrance morale est à son comble ; elle
m'envahit tout entière ; aussi je ne m'arrête que lorsque je suis à bout de forces. Cette peine dont je parle
doit, à mon avis, s'appeler le « martyre de la solitude du cœur ! » elle m'est habituelle, et, si elle est
poussée à l'extrême, elle touche au désespoir ; elle
s'est établie en moi dès qu'on m'a interdit la communion fréquente ; auparavant je ne la connaissais
pas. Je ne peux lire et écrire que dans les moments
de trêve ; je ne sors plus ; cinq minutes de marche
m'occasionnent au moins huit jours de peine morale
doublement empirée ; et, par une oppossition singulière, il m'est impossible de rester stable en aucun
lieu, sans éprouver un malaise, que j'appelle le
« frisson » ; cette fatigue m'amène toujours un surcroît de souffrance. Par suite, je ne vais plus à
l'église depuis longtemps ; dans le courant de l'année
dernière, je n'ai communié que trois fois. Que de
privations ! que de sacrifices ! quel affreux isolement
triplement accentué ! isolement de la vie ! isolement
du cœur ! isolement de l'âme ! en tout, il est complet... Dans ma chambre, si pendant un quart d'heure
je ne suis pas près du feu, même en été, je me sens
comme paralysée ; l'air, qui ordinairement donne la
vie, m'est nuisible, ferait-il très chaud ; enfin je suis

une énigme pour moi-même; sans avoir de maladie déterminée, je souffre constamment dans tout mon être: l'organisme est usé; depuis longtemps il est prêt à être mis hors de service, et malgré tout je vis encore! chaque matin je m'étonne de me retrouver debout; alors je me demande qu'est-ce qui me retient sur la terre?... La volonté de Dieu! Sans sa divine assistance, que de mal j'aurais pu faire! que de vie j'avais à dépenser! Aujourd'hui même, malgré mon âge et ma faible santé, qui semble ne me tenir à l'existence que par un fil, je sens encore en moi, à l'occasion, un bouillonnement presque juvénil; l'activité intellectuelle est la même; le cœur seul est dompté! il ne s'agite plus... il ne dit mot!... Il n'est pas mort cependant, comme je l'ai cru, alors qu'a été opérée en lui cette transformation de la vie à trépas, qui constitue le changement dont je fais mention ici; c'est-à-dire qui lui a enlevé sa vie propre, afin de lui en imposer une presque divine; pour le présent, assujetti à l'action de son Dieu, il n'agit plus que d'une manière passive. Heureuse servitude! qui en l'affranchissant de sa propre tyrannie, satisfait ses désirs; oui, enfin, Dieu, par la foi, suffit à ses exigences! Ce qui le prouve, c'est que je ne ressens plus aucun vide! métamorphose inattendue, que je dois incontestablement à l'intervention miséricordieuse du bon Maître, et que je tiens à noter, parce qu'elle

vient à l'appui de mon principe: « Par le recours à
Dieu, on peut espérer et obtenir tous les succès! »
Qu'on me pardonne ces quelques lignes de digres-
sion à mon sujet, ou plutôt d'anticipation sur les
faits qui vont suivre ; je les ai crues utiles pour donner une vue plus précise de mes luttes intimes, en
montrant à l'avance leur fructueux résultat.

Je ne voudrais pas ennuyer mes lectrices, et pourtant je tiens à ajouter encore, sur ce sujet, quelques
réflexions spécialement destinées à la femme, pour
l'instruire sur cette attribution principale de sa nature : *Aimer!* Ordinairement elle ignore la manière d'utiliser pour le bien cette essence précieuse
de son être, qui, dans des vues providentielles, lui à
été particulièrement attribuée. Cette disposition mal
dirigée peut produire des résultats néfastes; tandis
que bien employée, elle mènera jusqu'à l'héroïsme
des grandes actions. En suivant ce petit ouvrage, elle
trouvera les leçons du Maître divin, qui s'est chargé
lui-même de conduire sa chétive créature dans cet
exercice du cœur, en apparence peu important, et
qui cependant, peut être ennobli, fertilisé sous le regard de ce guide suprême : Jésus, le Dieu sauveur!
Qui mieux que lui peut nous parler d'amour! Exa-
minons attentivement ce qu'il a fait pour nous; pé-
nétrons dans le secret de ce divin Cœur qui ne demande qu'un peu de bonne volonté, jointe à une

intention pure, pour se révéler, avec des surprises
ineffables, à l'âme qui le cherche en toute simplicité. Mais, il faut bien l'avouer, pour posséder les
conditions que réclament cette sublime science, on
doit d'abord savoir s'oublier, ce qui n'est pas facile,
et ne se fait pas en un jour. Je dirai donc à toutes
les femmes, et surtout à celles qui sont épouses et
mères : Courage! dans ce chemin périlleux, encore
une fois courage! Quelle merveilleuse mission,
Dieu vous a confiée! En grâce, n'en abusez pas;
sachez mettre à profit une tâche si méritoire, qui vous
rendra apôtres sans quitter le foyer domestique.
Auprès de votre époux, auprès de vos enfants, qu'avez-
vous donc à faire pour opérer tant de prodiges?...
Les aimer pour Dieu et en Dieu! pas autre chose!
Mais je le répète, sachez vous oublier; sans cela
votre mission ne s'accomplira pas suivant les vues de
la Providence; et j'ajoute, sans crainte de me trom-
per, qu'appliquées attentivement à cette étude bien
comprise, vous y trouverez le vrai bonheur, le seul
qui existe ici-bas, pour la femme surtout, c'est-à-
dire la paix recueillie au milieu des tourments du
Calvaire !

Je pourrais placer ici un volume entier, que j'ai
conservé de mes luttes, de mes combats, effectués
sous l'action cachée du Maître; le plus souvent il se
dérobait à mes regards inquiets: il n'en conduisait

pas moins les travaux de défense, et se montrait tout juste pour m'annoncer la victoire. Ce qui m'engage à supprimer ces détails personnels, uniformes, quoique présentés sur un ton varié, tendant tous au même but : apprendre à aimer selon Dieu, c'est que chaque âme ayant à suivre sa conduite particulière, n'y trouverait qu'une instruction indirecte, peut être peu profitable pour elle. Je crois donc assez faire, en indiquant à mes lectrices le moyen unique pour arriver à bonne fin : le recours à Dieu; moyen d'une méthode simple et facile, et qui produira en elles des merveilles de grâce. Voici cependant quelques passages qui ne me paraissent pas trop déplacés.

« La sensibilité à une tendance à particulariser, c'est-à-dire à se diriger vers un seul objet : c'est le propre de sa nature, parce que, pauvre fille d'Adam, elle croit en s'attachant à un être semblable à elle, réparer son incapacité ; et voilà en quoi elle se trompe; n'est-il pas impossible, en effet, que deux vides puissent combler le moindre espace, que deux riens fassent un tout? La charité, au contraire, infinie comme son auteur, embrasse tout, généralise tout ; ne recherchant en aucune manière son intérêt propre, elle n'a qu'un but, celui de procurer, même à ses plus chers dépens, la gloire de son Dieu ; et l'âme, en se pliant à son action réformatrice se dépouille, s'élève, s'agrandit, au point de trouver facile la pratique des plus héroïques vertus. Afin d'éviter tout retard dans notre voie, qui est le pur amour, et nous épargner de déchirantes déceptions, lorsque nous nous sentons vivement attirées vers un objet particulier, quelque bonne que soit notre intention, quelque purs que soient nos désirs, tenons-nous toujours sur nos gardes. Je ne prétends pas en cela interdire toute affection spéciale ; loin de là ma pensée : souvent c'est Dieu lui-même qui inspire le sentiment dont je parle ; mais je dis que, dans ce cas, nous devons avec soin veiller sur notre cœur, pour qu'il n'embrasse pas, comme étant la fin qui doit lui procurer le bonheur, ce qui n'en est que le moyen, si nous en usons suivant les vues de Dieu. Regardons-y de près ; la charité chrétienne n'est rien autre chose qu'un exercice de destruction justement dirigé contre la sensibilité naturelle ; et il le faut ainsi pour guérir cette plaie invétérée de notre misérable humanité ! Que l'on s'étudie soi-même, et l'on verra que, sans ce remède divin, le besoin impérieux de nous satisfaire, nous tenant sans pitié sous son étreinte tyrannique, ne nous laisserait pas un instant de repos. Se vaincre est une tâche difficile, parce que sur ce point l'ennemi est intraitable ; aussi la lutte est parfois sanglante ; mais si nous sommes fidèles à la loi divine, bientôt nous en recueillerons d'heureux fruits ; oui, bientôt de cette guerre à la sensibilité naturelle, qui nous est si funeste, ressortira infailliblement une espèce de sensibilité spirituelle, germe précieux de la pure charité, laquelle nous dévoilant par avance quelque chose du bonheur des cieux, nous soutient par l'espérance d'y prendre part un jour; et, pour peu qu'on en ait fait l'essai, on reconnaît facilement que la récompense dédommage amplement, même dès cette vie, de la rigueur du travail. A ce sujet, et pour m'éclairer sur ce qui, à cette époque, me paraissait un mystère, Jésus me dit : « A la pureté d'intention, joins le détachement du cœur, et tu auras trouvé le merveilleux secret de la vraie charité! » Oh! que la charité est belle! que les effets qu'elle produit dans les âmes sont dignes d'envie! Elle est si féconde par sa nature que, lors même qu'elle se porte de préfé-rence sur un membre isolé de la grande famille, elle prépare néanmoins notre cœur, elle le dispose à se dévouer, à s'immoler pour tous! C'est son caractère distinctif; nous invitant sans relâche à nous oublier nous-même, elle nous rend généreux ; et, par le fait elle nous façonne de manière à nous faire trouver le bonheur, non plus en possédant, mais en donnant. Quel gain ! quel trésor, pour nous pauvres mortels ! En vérité, c'est le présent d'un Dieu !

Pour arriver à ce but suprême, voici l'exercice pratique que je me proposai : Chaque fois que je sentirai mon cœur souffrir, agoniser, j'aurai soin de

ne pas le laisser se tourner du côté des créatures ;
ce sera en Dieu seul qu'il devra chercher le remède
à ses maux. Convaincue par expérience qu'excepté la
Croix, tout sur la terre n'est que vanité et mensonge,
ou du moins qu'une source intarissable d'amères
déceptions, j'irai toujours, pour soulager mon cœur,
droit à Jésus, à Jésus souffrant, mourant pour nous ;
me laissant ensuite en toute simplicité, aussi bien
qu'en pleine sécurité, conduire par lui au gré de
son amour ! procédé plein d'efficacité que je conseille
de préférence à toute âme voulant aimer Dieu. Je
me suis aussi servie, toujours avec profit, pour
arriver au détachement du cœur (point notable
auquel je visais constamment) d'une certaine prépa-
ration que je nomme « examen de prévoyance ».
Chaque matin, anticipant sur ce qui pouvait surve-
nir pendant la journée présente, je me mettais en
mesure d'agir en tout selon Dieu, afin de garder
mon cœur pur de toute attache; puis, dominée par
cet acte bien consenti, je me laissais aller à la contemplation sur le point qui, dans le moment, me
captivait le plus. Je n'ai jamais pu employer aucun
autre genre d'oraison; aujourd'hui encore je suis le
même procédé, plus brièvement, il est vrai, mais je
ne pourrais pas m'en passer : cela me tient en règle
avec Dieu et avec moi-même.

A ce propos, j'offre à mes lectrices, comme un

saisissant modèle, suavement pratique, de vie intérieure, ce petit poème qui m'a toujours été utile.

> *Picciola* ! c'était le nom de l'humble plante,
> Qui charmait les douleurs d'un pauvre prisonnier ;
> La consolation de son âme sourffante,
> L'unique passe-temps de son triste foyer !

L'AME DÉSIREUSE D'AIMER

> O mon souverain Maître ! au fond du Tabernacle,
> Depuis dix-huit cents ans prisonnier par amour,
> Malgré notre froideur, par un constant miracle,
> Vous avez près de nous fixé votre séjour !...
> De mon âme écoutez l'incessante prière,
> C'est vous qui l'inspirez, Seigneur, exaucez-la :
> Oh ! dites-moi comment vous consoler, vous plaire,
> Devenir en un mot votre *Picciola !*

VOIX DE JÉSUS

> Eh bien ! c'est dans la foi, mais dans une foi nue,
> Que ma main planterait cette petite fleur !
> Qui, vivant pour moi seul, des hommes inconnue,
> N'aurait d'autre soleil qu'un regard de mon cœur.
> A ma Picciola, je voudrais pour racine
> Cette espérance en moi qui jamais ne faiblit.
> Confiance infinie en ma bonté divine !
> Abandon de l'enfant qui sait qu'on le chérit !
> Je lui voudrais pour fleur une constante joie,
> Que ne saurait troubler ni revers ni douleur ;
> Qui même à la souffrance, à l'amertume en proie,
> Saurait se réjouir de contenter mon cœur...

Par là, de mes desseins réalisant l'attente,
Elle aura soulagé, réparé mes douleurs,
Et, greffant sur moi-même cette bien-aimée plante,
En m'unissant à elle, je ferai son bonheur !

Je résume ce deuxième chapitre par cette conclusion: S'oublier, s'effacer, se perdre en Dieu, voilà le *détachement pratique !* et je le répéterai, a femme est ainsi faite, qu'elle peut, avec un peu de bonne volonté, atteindre à ce sublime degré d'amour. Puissent les nombreuses luttes qui, pendant ce laps de temps, m'ont si violemment exercée, y avoir solidement établi mon cœur !

VIE DE RÉSIGNATION ET D'ESPÉRANCE

Instruite par mille déceptions sur le manque de fond de la créature ; voyant m'échapper ce sentiment d'amour sensible, par lequel j'avais été jusque-là soutenue ; résignée à accepter cette réforme qui brisait mes espérances, en me montrant d'une manière évidente que le bonheur ne se trouve point ici-bas, et voulant exprimer l'état présent de mon cœur, autant que la détermination formelle de ma volonté, je traçai les lignes suivantes :

Debout et d'un pied ferme sur les restes du Rien,
Je m'attache à la croix mon unique soutien ;
Unie de volonté à Jésus, mon époux,
J'attends sans me lasser la possession du Tout.

Mon cœur était désabusé à tout jamais : il avait renoncé à chercher sur la terre aucune satisfaction, mais il n'était pas dompté ; la même impétuosité de désirs le torturait toujours ; changeant alors de but, ce fut au ciel qu'il élança désormais ses brûlantes aspirations. Sans s'arrêter à examiner le coup fatal qui doit auparavant briser les liens de notre vie, il franchissait d'un bond les limites de l'Éternité, et allait y rejoindre Jésus le Dieu sauveur, son unique amour. Il fixa son espérance près de ce Dieu triomphant, qui, après avoir montré à l'humanité coupable les trésors infinis de sa miséricorde, réside au plus haut des cieux plein de gloire et de majesté, « Là au moins, je le posséderai, sans crainte de le perdre jamais! » C'était ma pensée constante ; et seule elle apportait quelques soulagements aux tourments que me causait l'exil : par le fait, je ne vivais plus que d'espérance! Donc, vie de résignation et d'espérance, voilà le tableau que je vais essayer de tracer par le récit qui suit.

Isolée au milieu des créatures, sous le rapport des exigences de mon âme ; ne pouvant presque plus assister aux offices de l'église, je me concentrai exclusivement dans l'exact accomplissement de mes devoirs d'intérieur : soigner mon père et ma mère avec tout le dévouement possible, en attendant le ciel, vers lequel mon cœur se tournait uniquement, ce fut ma seule occupation : assujettissement heureux ! et lorsqu'il me manqua, je me sentis tout à fait brisée. Par mes soins assidus, je réussis, je crois, à contenter mes parents ; dès lors aucun nuage ne s'éleva et ne vint plus troubler notre intimité. Avec ma mère, toujours le même manque de sympathie existait ; néanmoins, rien de trop discordant ne rompait la bonne intelligence établie entre nous. Il faut le dire, Dieu était là, pour aider à redresser, à supporter ce qui pouvait se rencontrer de défectueux. Oui, heureusement, j'ai la consolation de pouvoir attester que Dieu était devenu le mobile de leurs actions, de leurs désirs ; eux aussi ils visaient au ciel !

Nous voilà donc dégagés du souci des affaires, enfermés dans notre petit intérieur, où régnait à peu près la paix ; sans avoir de la fortune, nous pouvions, avec de l'ordre et de l'économie, nous suffire honorablement. Parlant un jour à ce sujet à un religieux de ma connaissance, je lui disais : « Nous ne sommes pas riches, mais nous pouvons nous passer de tout le monde. — Vous êtes bien heureux, me répondit-il ; moi, au contraire, j'ai besoin de tous ! »

Vers cette époque, un cousin de mon père vint lui proposer d'aller avec lui passer quelque temps dans sa famille, en Savoie, leur pays natal. C'était une agréable partie de plaisir, qu'ils avaient déjà faite ensemble nombre de fois ; mon père était reçu

dans cette famille, d'où sortait ma grand'mère, comme
un enfant de la maison; il répondit à son parent :
« Je regrette de te refuser; mais nous en sommes au
point de ne plus pouvoir nous séparer, ma femme, ma
fille et moi! — Alors, qui empêche que vous ne ve-
niez tous les trois? » C'est ce que nous fîmes. Le printemps commençait et la saison était belle; nous arrivâmes dans cette maison, où il y avait un bon
confortable, et où se trouvaient réunis le père, la
mère et plusieurs enfants bien élevés; nous fûmes
accueillis avec toute la cordialité possible. Un fils aîné,
docteur en médecine, établi à Annecy, petite ville
située près de l'endroit dont je parle, venait régulièrement deux fois par semaine, pour donner des soins
à ce cousin avec qui nous étions venus, et qui était
son oncle. Il y avait donc, dans ce petit comité, de
l'animation, de l'agrément, du bien-être, en un mot
tout ce qui pouvait y embellir notre séjour; et cependant la vie pour moi y fut triste; il ne m'est pas
arrivé une seule fois de sourire, pendant les deux
mois que nous y restâmes, et je ne m'y suis jamais
sentie délassée! Le pays est charmant, accidenté;
partout des sites variés, des vues splendides; on faisait souvent de petites excursions auxquelles je ne
pouvais prendre part : ma santé était déjà si faible
que je ne supportais ni la marche ni le grand air;
pour toute promenade, je me bornais à aller chaque

jour un instant à l'église, qui se trouvait très près,
et à faire une visite à « Maître Roclor », coq superbe, habitant Château-Vieux, c'est-à-dire, comme
son nom l'indique, un antique château, réclamant
des réparations si nombreuses et si coûteuses qu'on
préféra faire une construction nouvelle, à cinq cents
pas de l'ancienne, et plus commode en tous points pour
son propriétaire. On avait relégué à Châteaux-Vieux
le bétail, la basse-cour, ce qui était nécessaire pour
les récoltes, et un petit nombre de domestiques pour
soigner le tout. J'allais donc là, voir mon coq favori,
avec lequel j'avais promptement fait connaissance,
parce que je me montrais toujours munie d'une bonne
provision de grains de mais ; lorsqu'il etait présent
il venait aussitôt se poser majestueusement devant
moi ; et se pavanant avec élégance, il lançait un coque-
rico long et sonore ; pour récompense, je lui jetais
la ration attendue ; alors en galant chef de famille,
il appelait ses poulettes, présidait à leur repas, et
ne picorait lui-même qu'après qu'elles s'étaient ras-
sasiées ; parfois il était absent, au loin dans les
champs ; je l'appelais ; il se faisait attendre cinq ou
dix minutes, puis il arrivait avec sa suite ; jamais il
ne manqua de venir à ma voix. Un soir que j'étais
en retard pour faire ma visite quotidienne, je trouvai
tous les volatiles déjà retirés dans leur chambre à
coucher, qui était un gros arbre placé dans la cour,

et sur lequel chacun se perchait. Les domestiques me dirent : « C'est fini pour aujourd'hui ; une fois le coq couché, il ne se dérange plus » ; je causai avec eux pendant un instant ; et bientôt, à notre grande surprise, nous vîmes Roclor et ses suivantes descendre systématiquement de leur mât ; après avoir mangé ce que je leur apportais, ils remontèrent à leur posté, en ordre et en silence.

Enfin nous rentrâmes à Lyon ; nous y étions depuis deux ou trois jours, lorsque je me sentis une grande douleur dans le côté ; on supposa que, pendant le voyage, j'avais fait un effort ; notre médecin confirma cette manière de voir, et me traita en conséquence ; loin de se guérir le mal s'aggravait. Au bout de quatre ans, je consultai un autre médecin, une de nos célébrités ; il vit la chose tout différemment, et déclara qu'il fallait me faire une opération ; je n'y consentis pas : j'avais l'intime conviction qu'à un moment donné, je serais guérie ; cette espérance me soutenait : je n'aurais pas pu, je crois, me soumettre à souffrir ainsi toute ma vie. Et en effet, après sept ans de cruelles douleurs endurées jour et nuit, le mal disparut subitement, comme il était venu.

Cependant je m'étais mise en devoir de fournir à mon père de bonnes lectures ; je lui procurai des ouvrages sur la religion, sérieux et instructifs, qu'il goûtait beaucoup. Cette étude fondamentale de notre sainte religion lui avait fait défaut dans son enfance ; c'était sous la première République ; alors on avait encore moins qu'aujourd'hui, la faculté de faire élever chrétiennement ses enfants ; les écoles libres n'existaient pas ; en tout cas, elles étaient très rares. Heureusement, la tendance de sa nature l'inclinait vers le bien ; il était juste, probe, consciencieux ; cette dernière qualité particulièrement le préserva de tout entrainement funeste. On se rappelle que, dans ma jeunesse, inquiète de le voir peu exact dans l'accomplissement de ses devoirs religieux, je priais beaucoup pour sa conversion ; je crois néanmoins qu'il avait conservé l'habitude de la confession, non pas fréquente, mais de loin en loin. Ce qui me le prouverait, c'est qu'à un certain moment (j'avais alors vingt ans), comme je m'adressais à un prêtre de la paroisse, dont j'étais satisfaite, et que j'en parlai à mon père d'une manière avantageuse, il alla s'y confesser : c'est lui-même qui nous a instruites du fait. Le prêtre l'engagea à communier, il refusa ; le confesseur insistant, mon père déclara qu'il ne s'en trouvait pas digne ; il parait que c'était chez lui une pensée fixe ; enfin le prêtre, qui était d'un caractère énergique, coupa court à toute hésitation en lui disant : « Eh bien ! faites-le par obéissance ! » Et mon père le fit ; il était donc vaincu ! C'est de là que date l'heure tant désirée de sa conversion. Dès lors,

il s'approcha régulièrement deux fois par an de la
sainte table, avec des dispositions édifiantes ; je l'y
accompagnais toujours ; et c'est aussi à partir de ce
moment qu'il travailla avec efficacité à l'œuvre de
sa perfection. Que de contrainte ! que de retenue ! je
l'ai vu s'imposer à l'égard de ma mère ; lorsque celle-
ci, sans même en avoir conscience, le taquinait, le
poussait à bout. Pour se calmer et demander à Dieu
force et secours, il avait coutume de faire un grand
signe de croix, bien accentué ; si cela ne suffisait
pas pour abattre l'orage, il y ajoutait une prière,
prononcée ouvertement devant nous, sans songer,
le moins du monde, à se renfermer en lui-même. Il
faut le dire, il y avait chez nous tant de droiture,
tant de franchise de part et d'autre, que personne ne
songeait à dissimuler ; aussi tous les trois, nous pouvions lire réciproquement dans notre intérieur comme
dans un livre ouvert. D'autres fois, quand il ne se
sentait pas profondément atteint, il lui disait : « Ma
pauvre femme ! que tu es heureuse d'avoir un mari
qui est devenu dévot, etc. En un mot, il avait toujours
présente à son esprit l'affaire de son salut. Je ne
m'explique que d'une seule manière tout le tourment
qu'il me causa au sujet de mes communions : d'abord,
on se le rappelle, il ne voulut jamais m'en imposer
lui-même directement le sacrifice : il m'y força
cependant. Il y était sans doute poussé par une im-

pulsion providentielle ; il me fallait probablement ce sujet de constante mortification pour accomplir l'œuvre qui m'était imposée sur la terre. Peut-être aurais-je abusé d'un aussi grand bienfait? ou bien aurais-je été trop heureuse de cette participation fréquente à la divine Eucharistie ? C'eût été pour moi le ciel anticipé, et il faut que chaque chose n'arrive qu'en temps et lieu ! J'espère donc que Dieu ne lui aura pas demandé compte de la contrainte dont il a agi envers moi.

Il était foncièrement bon : un seul fait le prouvera. A une certaine époque, j'étais si faible que je prenais souvent des défaillances, non pas d'esprit, mais mon être semblait s'écrouler ; une nuit, j'éprouvai ce malaise avec une telle force, que j'en fus épouvantée ; tout en moi se brisait ; autour de moi, tout s'anéantissait, et je ressentais l'angoisse, l'effroi de la mort ; pendant quelques instants, je luttai contre cette frayeur intense. Jusque-là, je n'avais jamais dérangé mes parents, j'aurais craint de les tourmenter ; cependant, n'y tenant plus, j'appelai ma mère, qui me répondit, et immédiatement se rendormit. Je m'y attendais : elle avait le sommeil fort ; je me résignais à souffrir seule, quand je fus très étonnée, au bout de trois minutes à peine, de voir près de mon lit mon père tout habillé : « Qu'as-tu, ma fille ? me dit-il. — J'ai peur ! » Sentant

vivement la négligence de ma mère, au lieu de la
brusquer, il préféra venir lui-même ; et ainsi en ce
cas, il se montrait bon pour l'une comme pour l'autre ; c'est de cette manière qu'il agissait toujours.
Enfin ma mère, entendant du bruit, se leva et arriva
près de nous ; on me donna quelques soins et la crise
se dissipa. Depuis, j'en ai éprouvé d'autres du même
genre ; mais alors, instruite par l'expérience, j'en
attendais l'issue sans parler, sans me plaindre. Mon
père était violent, voilà son seul défaut. Dans le premier moment, rien ne l'arrêtait ; mais pour préve-
nir un effet si funeste, il tâchait d'avance de se mo-
dérer ; à part cela, il était, à mon avis, tout à fait
exemplaire ; il se montrait toujours d'une grande
délicatesse de mœurs, de langage, d'action ; sous ce
rapport, rien en lui ne dévoilait les nombreuses fai-
blesses de l'humanité ; à tel point que, tant que je
suis restée sous sa tutelle, c'est-à dire jusqu'à l'âge
de quarante-trois ans qu'il m'a manqué, je n'ai
jamais su jusqu'où peut descendre l'homme, et je
déclarais ouvertement qu'il avait toutes mes préfé-
rences ; j'ignorais que, sans la crainte de Dieu, en
maintes occasions, il est redoutable ; les hommes e
nos jours ne le prouvent-ils pas? Pour achever ma
pensée, j'ajoute que j'apprécie doublement l'homme
qui, à la crainte de Dieu joint aussi son amour ;
chez lui il y a plus de force, plus de volonté, et par

conséquent plus de stabilité que chez la femme, qui, de son côté, peut cependant aimer tendrement, suavement, et encore outre mesure.

Pendant les derniers temps de la vie de mon père, je remarquai avec bonheur que sa foi s'affermissait de plus en plus. Souvent dans notre trio de famille, après de longues causeries, on s'arrêtait, et chacun restait livré à ses propres réflexions ; alors je le voyais perdu dans de graves pensées ; puis tout à coup il faisait son grand signe de croix ; d'autres fois, il murmurait quelque prière ; ou encore, joignant religieusement les mains, il prononçait à haute voix cette invocation : « Mon Dieu! pardonnez-moi tous mes péchés! » ou bien : « Mon Dieu! accordez-moi la grâce d'une bonne mort! » Quelquefois, on discutait : ma mère craignait le purgatoire ; elle n'en voulait pas pour elle ; il faut lui rendre cette justice qu'elle se mettait en mesure de l'éviter, en gagnant le plus d'indulgences possible. De mon côté, je soutenais que le purgatoire est un dogme bien consolant : quel est celui qui aura, en quittant cette vallée de misère, la prétention de pouvoir jouir immédiatement de Dieu ; il faut être si pur pour approcher de Lui! et le purgatoire, en nous purifiant, nous en laisse l'espérance ; alors mon père répondait : « Oh! je voudrais déjà y être! » entendant par là qu'il serait sûr alors de son éternité. En d'autres circonstances, il me disait : Tu désires un sopha dans le Paradis ; pour moi, je serais heureux d'y avoir seulement un petit tabouret ! » En un mot, sa foi était simple et vive ; celle de ma mère également, avec d'autres idées, sans doute, mais qui tendaient au même but. Ce qui plaisait en elle, c'était son assurance parfaite, sa confiance absolue en Dieu. En voici un exemple : j'avais une tante religieuse bénédictine à Pradines, dont le couvent était très en faveur pour l'éducations des jeunes filles ; elle désirait me faire élever auprès d'elle, et plusieurs fois me demanda à mes parents ; ce fut en vain : ils ne voulaient pas se séparer de moi. Contrariée de les voir méconnaître l'avantage qu'elle leur offrait, elle tenta auprès de ma mère un dernier effort, également infructueux ; alors, poussée sans doute par un excès de zèle, elle lui dit tout indignée : « Puisque vous vous obstinez à me la refuser, je prierai pour qu'elle meure ! » Ma mère lui répondit : « Eh ! bien, le bon Dieu ne vous écoutera pas ! » Je ne fus pas témoin de cette scène de sollicitude, dont j'étais l'objet ; mais il me semble voir ma mère parler avec un tel aplomb, une telle certitude de ce qu'elle avançait, parce que dans son for intérieure elle était sûre de son fait ; elle croyait avec une inaltérable confiance à cette parole de l'Évangile : « Demandez et vous recevrez ! » et Dieu qui aime les cœurs croyants et confiants se refusait rarement à exaucer ses prières.

Au milieu de cette paix apparente, de terribles assauts bouleversaient mon âme ; c'est précisément durant cette période que j'eus à supporter cette série de peines intérieures dont j'ai déjà fait mention. L'affection que j'avais rendue à mon père, quoique sincère et profonde, ne suffisait pas à mon cœur : c'était le devoir goûté, aimé, mais rien de plus. Ma volonté etait détachée des biens de ce monde ; elle en avait reconnu la fausseté, l'inconstance ; malgré cela ma nature conservait toute sa vigueur, ses entraî-- nements étaient illimités ; de là, cette lutte acharnée que se livraient entre elles ma volonté et ma nature. Pour me soutenir dans ce combat à outrance, je n'avais plus la communion fréquente, premier secours que Dieu m'avait donné dans sa miséricorde ; et je crois pouvoir l'affirmer, si cette nourriture substan— tielle eût été conservée à mon cœur, jamais il n'eût cherché d'autre aliment, d'autre satisfaction ; quel changement de vie cette privation a opérée en moi ! Je n'avais plus l'amour sensible de Jésus au Calvaire, deuxième assistance qui me fut si utile pour m'aider à traverser de terribles moments : ce n'était qu'au ciel que je pouvais rejoindre Jésus mon bien—aimé. Et pour cela, j'avais à faire des efforts presque sur— humains : il fallait que, me dégageant avec dégoût du linceul de la vie, je m'élevasse triomphante de toute attache aux choses d'ici—bas, jusqu'au seuil de l'éternité; là seulement je trouvais mon Dieu; puis bientôt je retombais sur la terre, et j'y subissais de nouveau les rigueurs de l'exil. Oh! alors que la mort me paraissait belle! Ainsi résignation et espérance, voilà tout ce qui me soutenait. A ce moment je fis la plus précieuse des découvertes : je trouvai Dieu dans mon cœur! Depuis longtemps, j'entendais dire : « Cherchez Dieu et vous le trouverez en dedans de vous-même! » Mais il y avait en moi tant d'empressement joint à tant de mobilité, que je ne pouvais comprendre et encore moins goûter cette vérité ineffable : cependant, après l'avoir cherché tour à tour ce Dieu, l'objet de mes incessantes poursuites, soit dans l'Eucharistie, sa résidence favorite, bonheur qui m'était ravi; soit dans le cœur de ceux qui l'aiment, et où, par erreur, j'ai cru un instant pouvoir le rencontrer; soit au ciel, pour mieux dire, dans les promesses de la foi, où, en effet, je l'ai saisi, mais seulement par intervalle et d'une manière fugitive, je me suis enfin renfermée dans l'étroite enceinte de mon cœur; et là, presque déconcertée, je me suis dit : Où est donc ton Dieu? il te faut le trouver; car en vérité, tu as besoin d'aimer, et nul autre que lui ne doit posséder ton amour! Et toujours là, pénétrant avec peine sous un amas de ruines, j'ai découvert sa volonté, et je m'y suis soumise. Bientôt après, j'ai reconnu que sa volonté c'est Lui-même; et ainsi la vérité se montrait à moi de mieux en mieux : le bon Maître faisait son œuvre ; dès lors, j'ai pu marcher d'un pas plus ferme, plus assuré, vers ce but adorable : Dieu seul! mon unique point d'appui. visé et atteint par un dépouillement progressif de tout ce qui constitue le moi humain. Cette clarté nouvelle était encore un sentiment, mais plus mâle, plus positif, et par conséquent plus stable que tout ce dont j'avais été favorisée jusqu'alors ; un nouvel attrait, oui! mais un attrait crucifiant, qui réclamait une volonté déterminée à se prêter sans résistance à tout ordre divin ; me laissant bien convaincre que c'était sur ce bûcher du pur amour que mon cœur, en se purifiant, devait apprendre à aimer, comme le Seigneur voulait qu'il aimât!

Enfin arriva le dénouement si douloureusement appréhendé! C'était au commencement de novembre ; un jour mon père sort comme à l'ordinaire ; chemin faisant il rencontre quelqu'un de sa connaissance, et tout en causant, il se sent frissonner. En rentrant il nous dit : J'ai eu froid! Bientôt une bronchite sérieuse se déclara ; durant quinze jours, je le crus perdu ; et pendant tout ce temps, je ne pris à peu près aucune nourriture : j'étais, je le crois, aussi malade que lui ; enfin j'entrevis un mieux, je me mis à espérer, et je fus immédiatement guérie. En effet, ce mieux se soutint ; nous le soignâmes pendant deux

mois encore, et il se remit tout à fait. Nous étions
arrivés en janvier; alors il voulut sortir; effrayée du
danger que cela pouvait occasionner, je fis mon possible pour l'en empêcher; je le retins à la maison
jusqu'au vingt-sept. Ce jour-là, il sort enfin, reprend
froid; une nouvelle fluxion de poitrine se déclare...
et, le 7 février suivant, à 9 heures du soir, nous le
perdions à tout jamais!... Pendant la première période
de sa maladie, ces quinze jours où je le croyais
perdu, il fut édifiant, patient, résigné, presque joyeux:
c'était quelque chose au-dessus de la nature. Je ne
puis m'empêcher de croire qu'à ce moment, la grâce
agissait merveilleusement en lui; ce qui m'a confir-
mée dans cette opinion, c'est que plus tard, pendant
cette convalescence qui fut de si courte durée,
comme mon confesseur de cette époque, qui le visitait
souvent, le félicitait de son retour à la santé, mon
père lui répondit avec une bonhomie sans égale: « Je
le regrette presque, je touchais le ciel du doigt! » A
sa seconde rechute, lorsqu'il se sentit gravement
atteint, il me dit: « Je vois qu'il faut que je rentre
dans mes premières dispositions! » Il fit, je pense,
des efforts pour y parvenir, toutefois sans succès:
ce lui fut impossible! Cet effet de la grâce sensible,
qui avait été comme le prélude de son départ, avait
disparu pour ne plus revenir. Dès lors, sans cesser
d'être patient, et ne se plaignant jamais, il lutta d'une

manière terrible, mais tout intime, contre la mort qui approchait ; épreuve que Dieu lui réserva, sans doute pour servir à le purifier ! Il avait soixante-treize ans : et, quoique ayant toujours été d'une faible santé, il était cependant encore plein de vie : c'est ce qui contribuait, je pense à provoquer cette révolte de la nature, en présence de sa destruction. Dans ses derniers moments, il montra encore une délicate attention pour ma mère : en dehors des mesures d'intérêt qu'il avait prises antérieurement, il ne voulut pas partir sans faire encore son testament de cœur. Il connaissait l'antipathie cachée, quoique non moins réelle, entre ma mère et moi ; deux jours avant sa fin, comme j'étais seule avec lui, il me dit : « Tu pourras garder pour toi telle et telle valeur, (qui représentaient une certaine somme), mais ne quitte pas ta mère ! » Dans un autre instant, alors que tout en le soignant, je laissais involontairement couler mes larmes : « Ne pleure pas ainsi devant moi, me dit-il ; tu sais bien que tu me fais de la peine. — Oui, père, mais je te vois tant souffrir ! — Ce n'est pas l'embarras, reprit-il ; si j'étais en bonne santé, et que tu fusses dans l'état où je suis, je crois que j'en mourrais de chagrin ! » Je ne pouvais guère pleurer ailleurs : jour et nuit j'étais auprès de lui ; il n'avait jamais voulu accepter les soins d'aucune femme ; ce secours nous manquant, je pris, pour nous aider, un homme expérimenté autour des malades. L'avant-dernier soir, comme j'étais exténuée, et que je le voyais perdu, car tant que je conservai un peu d'espoir, je ne l'aurais confié à nul autre, je lui dis : « Cette nuit, ma mère restera avec le veilleur et j'irai me reposer. — Oui, ma fille ! » Je me couchai donc ; et il me fut impossible de dormir : j'entendais tous ses soupirs, je suivais tous ses mouvements ! A minuit, je retournai dans sa chamdre. « Tu m'avais promis de te coucher ? — Oui, père, mais le temps me dure trop de ne pas te voir ! Dans un jour ou deux, me répondit-il, nous serons séparés pour plus longtemps ! — Eh bien ! repris-je, lorsque tu seras près du bon Dieu, tu lui demanderas de m'appeler à lui ! » Il réfléchit un moment, puis il ajouta : « Tu pourras bien te repentir de me donner une semblable commission ! — Non, père, le bon Dieu sait que je m'ennuie sur la terre ; quand tu n'y seras plus, ce sera pis encore ! » Il réfléchit de nouveau, et finit par me dire : « Ta mère a besoin de toi. » Durant cette épreuve suprème, comme pendant toute sa vie, son grand signe de croix était sa sauvegarde : le dernier jour surtout, je l'ai vu plus de cent fois s'en servir, avec fruit, je l'espère ; encore tout à la fin, il éleva sa main défaillante, qui retomba inerte, sans avoir pu formuler ce signe du salut, si précieux à son cœur, et un peu après il n'était plus !... Puisse ce constant et respectueux hommage qu'il rendait à la croix, lui avoir obtenu une large part aux mérites infinis que le divin Rédempteur nous a acquis par ses souffrances et par sa mort !

Je n'avais plus de père ! J'allai immédiatement annoncer à ma mère la triste nouvelle ; étourdie par sa douleur, elle ne s'attendait pas à un dénouement si prompt, et elle se mit à pleurer ; pour moi, au contraire, sur le coup, mes larmes se tarirent : je n'ai jamais pu en verser une seule au souvenir de mon père ; aussi un chagrin concentré me dévorait. Puis dans ce moment, je dus encore me surexciter : il me fallait seule faire face aux nécessités et aux formalités à remplir dans de semblables circonstances ; on l'a compris, ma mère accablée par l'âge et le chagrin était incapable de s'en occuper, je devais donc répondre à tout, voir à tout par moi-même !

Malgré la mort édifiante de mon père et quoiqu'il eût reçu les derniers sacrements et tous les secours de l'Église, il me restait une crainte à son sujet : c'est qu'il n'eût pas accepté avec une volonté entière et déterminée le sacrifice de sa vie, que Dieu lui demandait. Cet acte est, à mon avis, merveilleusement efficace pour nous purifier. Peut-être le fit-il en son for intérieur ; mais j'ai presque la certitude que son confesseur ne l'y encouragea pas ; j'en vois la preuve en ce qu'un jour, pendant sa maladie, mon père lui adressant cette question : Que faut-il pour bien mourir? le prêtre lui répondit : Avoir la conscience nette ! Il ne l'aura donc pas excité à en faire davantage. Tourmentée par cette pensée, je me sentis poussée à offrir à Dieu, pour suppléer à ce manquement, un sacrifice de réparation ; lequel? Je n'avais plus rien qui me fût cher au cœur. Alors j'eus l'idée de dire à Dieu : Prenez, mon Dieu, sur ce que mon père nous laisse, cinq... dix mille francs, s'il le faut ; mais que son âme soit sauvée! Quelques jours plus tard, dans la même intention, j'offris encore à Dieu trois autres mille francs, non pas pour les donner sur le moment, seulement j'en faisais l'abandon, s'il plaisait à Dieu de me les demander. Offrande qu'il ne m'a pas dédaignée, on pourra en juger par la suite. Les affaires d'intérêt me paraissaient alors si peu de chose, qu'en vérité j'aurais donné tout notre avoir pour pouvoir conserver mon père six mois de plus. Exagération, j'en conviens ; et où m'aurait-elle menée? Mais le cœur ne raisonne pas.

En perdant mon père, ce qui me manquait surtout, c'était le devoir à accomplir ; je ne l'avais plus pour m'occuper de lui ; il m'avait tant absorbée pendant tous les instants de ma vie ! Le lendemain de sa mort, un de nos anciens amis vint nous voir ; nous causions de notre malheur, lorsque ce monsieur nous fit cette question : Comment allez-vous vous arranger ? J'hésité un instant, puis je dis : « Nous étions à peu de chose près, trois maîtres ici; si ma mère y consent, nous ne serons plus que deux. — Ah! tu crois, reprit-elle que je veux rester sous ta férule ! » Suffoquée par cette réponse, je m'enfuis dans la chambre où se trouvait encore mon père, dans son cercueil ; je me prosterne désolée, en proie à la plus cruelle douleur; je ne sais combien de temps j'y restai, et comme j'en sortais pour rejoindre mon monde, ma mère m'aborde et m'embrasse en me disant: « Anne, admettons que nous n'avons rien dit ! » Et ce fut fini. Pendant les quatre ans et demi que je la gardai encore, il n'y eut point de discorde entre nous; on s'entendait difficilement, il est vrai, mais avec quelques concessions mutuelles, tout allait assez bien. Pour donner un aperçu du contraste qui existait dans nos idées, je citerai un fait, pris entre mille : il y avait dans l'alcôve où couchait ma mère, son lit et celui de mon père, qui maintenant était vide ; la vue de ce lit était pour moi comme un dard aigu qui me perçait le cœur ; à tout prix, j'aurais voulu le faire disparaître ; je le proposai à ma mère : « Comment ! me dit-elle, tu m'enlèverais la vie. La nuit, quand je m'éveille, je vois son lit : Tu es là, Louis ? Oui, il est là! c'est bien ! je ne suis pas seule, et je me rendors tranquille. »

J'achetai à Loyasse, pour y déposer les restes de

mon père, une place temporaire, où je fis mettre une simple croix de pierre avec cette inscription : *Bon père, que le ciel soit ta récompense!* Le terrain était couvert de lierre, sauf un petit espace que j'avais réservé pour des fleurs. C'était toute ma consolation ; il me semblait qu'en soignant son tombeau, je faisais pour lui ce qu'il restait en mon pouvoir de faire; non pas que j'aie négligé l'essentiel : j'ai prié pour lui, j'ai fait beaucoup prier, et je prie encore! mais j'avais la faiblesse, si faiblesse il y a, d'entretenir minutieusement sa tombe; j'y allais régulièrement chaque semaine, j'y montais avec un empressement fiévreux. Un jour, le jardinier devait me suivre; je l'attendis un bon moment, il ne vint pas ; et je m'en tourmentais, lorsqu'il me sembla entendre sortir de dessous le sol où était la dépouille de mon père, une voix qui accentuait distinctement ces paroles : « Pauvre fille! je ne t'aurais pas cru si bête! » C'était précisément ce que m'aurait dit mon père de son vivant : il faisait peu de cas de notre enveloppe mortelle; pour lui, l'âme était tout! Puis en revenant j'apportais une fleur à ma mère; je la renseignais sur les petits arrangements que j'avais faits, et cela la rendait heureuse.

Un mois après cette terrible séparation, comme je me trouvais seule à la maison, — ma mère était allée passer quelques instants dans notre voisinage; — j'en profitai pour examiner les papiers de mon père, auxquels je n'avais pas encore osé toucher. Sur tous, je trouvais une note, une remarque, une instruction préparée pour moi, afin de me faciliter le courant des affaires ; partout son écriture, son cœur ! A cette vue, un désespoir affreux s'empare de moi ; depuis un temps assez long j'y résistais en vain, lorsque ma mère rentra fort à propos ; sans quoi, je ne sais ce qui serait survenu. J'avais non seulement le cœur, mais l'esprit frappé de cette rupture de la vie opérée sous mes yeux ; l'opprobre de la mort m'écrasait de son énorme poids ; il me semblait en subir toute l'humiliation. Plus j'allais, plus ma peine augmentait ; à tel point que mon confesseur me dit à ce sujet : « Il vous faudrait un autre grand chagrin, pour détourner celui-là ; on n'ose pas vous le souhaiter ! » Depuis ce moment, la mort que je ne craignais pas, m'a laissé une sorte de cachet ténébreux. Il faut le dire, l'imagination, dont je n'ai pas encore parlé dans ce récit, a pendant toute ma vie joué chez moi un grand rôle. Combien et souvent m'a-t-elle fait souffrir ! d'autant plus qu'elle me montre toujours les choses sur l'aspect le plus défectueux ; et avec quelle ardeur, quelle ténacité elle exerce sur moi son influence désespérante ! Une fois enlacée dans son étreinte, il me faut, bon gré mal gré, subir son joug !

Depuis nombre d'années, mon père était en relations d'intérêts avec un notaire de notre ville. M. L...,

et il lui avait confié à peu près tout son avoir; il
s'était même trouvé, dans quelques circonstances, en
rapports plus intimes avec lui. Craignant avec raison
de nous laisser sans appui, lorsqu'il viendrait à nous
manquer, il lui recommandait souvent sa femme et
sa fille, et il croyait pouvoir compter sur lui en toute
sécurité ; aussi mourut-il tranquille à ce sujet. A
l'occasion de sa mort, nous envoyâmes à M. L...
une lettre de faire part; le lendemain, son caissier,
M. C..., nous rendit une visite de condoléance. Peu
de jours après, j'allai moi-même à l'étude ; il s'agissait de s'entendre sur une formalité à remplir pour
légaliser la succession de mon père. M. L..., en signe
de protection et de bienveillance, me prit les mains,
et me dit : « Mademoiselle, votre position demande
un intérêt tout particulier ; soyez assuré de mon dévouement, je suis tout à vous! » Quatre jours
s'étaient à peine écoulés, après cette entrevue, lorsque
le caissier, M. C... revint, me demanda de signer un
écrit, dont il nous lut le contenu, comme il le faisait
avec mon père. Ma mère, qui était présente, lui dit :
« Monsieur, je ne comprends pas bien le sens de cet
acte »; alors il nous expliqua que c'était une pièce
nécessaire pour régulariser une succession, laquelle
avait rapport à l'un de nos placements (fausseté
combinée par lui, afin de pouvoir adroitement nous
abuser). Je signe donc avec confiance; au resʼe, j'étais

tellement désolée qu'en ce moment les affaires d'intérêt m'inquiétaient peu ; il l'avait compris, et tâchait d'en profiter. En nous quittant, le plus promptement possible, il nous prévint qu'il reviendrait dans huit jours, pour me rendre raison de ma signature. Cependant le temps se passe et personne n'arrive ; alors, je vais moi-même chez le notaire ; il me renvoie à son premier clerc, et celui-ci au caissier, qui, à son tour me remet à plus tard. Je me présente encore différentes autres fois, toujours semblable procédé ; enfin en dernier lieu, le caissier me répond brusquement : Si l'acte était prêt, on vous le donnerait ! Ne prévoyant rien de fâcheux sur l'issue de cet affaire, à laquelle je n'attachais pas grande importance, je n'y allai plus voir. Dix mois après, j'apprends que le notaire, M. L..., était en faillite, avec un déficit de cinq millions ; je ne m'en inquiétai pas pour moi, car je savais notre argent sûrement placé sur de bonnes hypothèques. Une dame de ma connaissance me stimula à ce sujet ; je lui répondis : « Je n'ai rien à craindre, nos placements sont bons ! — Mon mari m'envoie vous dire qu'il y a dans cette affaire des fraudes inouïes dont vous pourriez bien être la victime ! » Réveillée par ce langage, je me rappelle cette signature donnée, dont l'issue est restée en instance ; je cours à l'étude pour me renseigner : après une longue recherche, on me montre une cession de dix

mille francs en faveur d'une dame J..., et signée de
ma main. Évidemment j'avais été surprise ; cette découverte me suffoqua ; ce qui me tourmentait le plus,
c'était de l'annoncer à ma mère. En repassant les
faits dans ma mémoire, je compris que c'était le
caissier, le sieur C..., qui m'avait trompée, en me
demandant ma signature sous un faux prétexte. Je
résolus donc de m'adresser à lui, et j'allai lui réclamer
la restitution de mon argent perdu. Il se cache, me
fuit ; je le poursuis, il m'échappe encore ; mais je ne
me lasse pas, et enfin je le rejoins ; nous nous enten-
dons ; il me fait un billet de cinq mille francs ; c'était
un simple billet, et je voulais, pour plus de sûreté,
une inscription sur ses biens ; il me le promit, et se
garda bien de le faire ; son billet était donc un titre
à peu près nul ; je ne savais à quoi me décider ; on
m'engagea à m'adresser au procureur impérial. J'y
allai, et lui exposai mon affaire ; il me dit : Faites
une plainte ; cela assurera votre recours contre lui,
et joignez-y le billet que vous avez en mains. En
effet, je porte ma plainte contre C..., avec mon billet
de cinq mille francs. Le lendemain, nous sommes
convoqués tous deux, à comparaître ensemble, à
9 heures du matin, devant le juge d'instruction. Dès
6 heures de ce même jour, mon avoué me fait appeler ; il me demande le billet ; probablement que
pour cacher la culpabilité, on m'aurait satisfaite, du

moins en partie ; il était trop tard ; je ne l'avais plus
à ma disposition, et ainsi les poursuites continuèrent.
Nous nous rendîmes donc à l'invitation reçue. Après
avoir fait une longue station dans un réduit où se
trouvaient mêlés gendarmes, prévenus, etc., on nous
introduisit devant le magistrat ; et là, pendant au
moins quatre heures consécutives, on nous accabla
de questions. Il ne m'était nullement difficile d'y répondre : je disais simplement la vérité, que C...
contestait toujours ; après quoi, nous fûmes renvoyés
dans le même coin, entourés du même monde. Mon
Dieu ! quelle situation ! je n'aspirais qu'à l'instant où
je pourrais m'échapper de là ; c'était en février ; pen--
dant tout ce temps, il avait neigé, et il faisait nuit
quand enfin je sortis ; pour rentrer au plus vite, je
pris une voiture ; les chevaux avait peine à avancer,
et ma mère m'attendait dans un tourment que je
sentais mieux qu'elle. Je rentrai exténuée, et ce n'était
que le prélude de ce que j'avais encore à endurer.
Combien de séances d'une journée entière j'ai faites
au tribunal, en attendant un tête-à-tête avec M. C...!
tête-à-tête que je devais subir en présence des juges,
ce qui était loin d'être agréable. La position fausse de
ce C... se compliquait de plus en plus ; chaque jour
on découvrait de nouvelles fraudes, donc il ne me
restait de ce côté aucun espoir de rentrer dans mes
fonds. J'examinai si, du côté de la dame J..., je ne

pourrais pas découvrir une issue favorable. J'avais signé une cession, il est vrai ; mais en pareil cas, pour se démettre de ses droits, quand on touche la somme remboursée, on doit rendre les titres qui attestent la possession de l'hypothèque ; or, j'avais encore des titres entre les mains. On me conseilla d'aller plus loin. Je tentai un arrangement avec la personne en question ; se sentant soutenue par un de ses parents, homme assez influent, elle refusa toute espèce d'accord à l'amiable. J'étais seule, entièrement seule pour lutter contre ces difficultés ; car il faut le dire dans ce moment d'adversité tous nos amis m'avaient délaissée ; je me suis débattue seule, et j'ai tout perdu ! On nous croyait ruinées : voilà ce que m'avoua plus tard le meilleur entre tous ; est-ce là une excuse ? On me parla d'intenter un procès ; devant cette proposition, je me sentis arrêtée ; mon père en avait horreur, et il avait fait autrefois de grands sacrifices pour n'en vouloir jamais entreprendre aucun. Je consultai plusieurs avocats ; tous me dirent : Votre cause est bonne ; le moindre résultat que vous puissiez espérer ce serait un partage. Enfin je m'adressai à un révérend Père jésuite, pour avoir son avis ; il me semble encore l'entendre me répondre : Faites ce procès, faites ce procès ! Mon confesseur non plus ne s'y opposait pas, et je l'entrepris !

Un procès ! quelle terrible affaire ; il faut y avoir

passé pour pouvoir en juger. A chaque audience'
on croit voir les choses s'éclaircir, une solution
arriver, et il n'en est jamais rien. Que de démarches infructueuses, que d'argent englouti. Je me choisis au hasard, personne ne me guidant, un avoué
et un avocat ; avec ce dernier, nous étions du
même avis, c'est-à-dire commencer par prouver que
l'acte qui me ravissait mes droits était faux.
Je ne voyais que cela, et c'était en effet ce qu il
convenait de faire : la conclusion l'a prouvé. L'avoué
jugea et agit différemment, parce qu'il ne considé-
rait que son avantage ; il se promettait deux phases
dans la procédure, et par conséquent double bénéfi-
fice ; mes intérêts n'étaient pour lui que chose
secondaire. Aujourd'hui, convaincue comme je l'é-
tais alors, je m'obstinerais pour faire prévaloir
mon opinion ; mais à cette époque, je ne savais pas,
je ne pouvais pas, je n'avais pas l'expérience qui
rend fort, et qui apprend combien peu il faut
compter sur les hommes ! A ce moment, j'éprouvais
une secrète horreur de l'humanité. J'avais heureusement sous la main : *Souffrances de Jésus-Christ*,
livre excellent, qui me servait de lecture journalière,
dans lequel je puisais des leçons. Je remarquais des
rapprochements qui m'aidèrent d'une manière puissante à surmonter cette impression fâcheuse, laquelle
aurait pu me devenir funeste. Enfin, j'étais en pro-

cès ; le temps s'écoulait, l'argent s'enfouissait, et rien n'avançait ; je me consumais, et ma mère ne vivait plus. Nos rentes me manquant, j'étais à bout de ressources ; je me perdais en réflexions et en recherches pour trouver à sortir honorablement de ce mauvais pas, lorsque je pensai à utiliser un léger talent, dont je m'occupais depuis longtemps déjà, pour ma propre satisfaction : c'était un travail de fleurs naturelles, dont je faisais des images, des emblèmes, que je distribuais en présents à mes amis. Je me décidai, non pas sans qu'il m'en coutât beaucoup, à aller offrir dans plusieurs magasins, pour dire le mot, à chercher à vendre cet ouvrage de mes mains ; il fut assez goûté ; en six mois, j'en retirai un bénéfice de cinq cents francs, qui me furent très utiles, pour aider à payer les frais de procédure ; et aussi ce petit commerce, en me fournissant de l'occupation, absorba ce temps si long de l'attente. Après une année de doutes, de crainte et d'espérance, nous eûmes enfin la décision du tribunal qui conclut ainsi : « Il est évident que Mlle Anne a été trompée, mais jusqu'à *l'inscription en faux*. tous les droits restent à Mme J... » Ainsi, il était démontré que si l'on eût commencé par là, j'aurais eu beaucoup plus de chances de succès ; nous pouvions continuer ; d'un commun accord, ma mère et moi, nous nous trouvâmes trop heureuses d'en finir, à quelque prix que ce fût, et nous en restâmes là. Le fait est que mes dix mille francs furent perdus ! Ne m'est-il pas permis de croire que Dieu agréa l'offrande que je lui en avais faite au sujet de mon père?

Après sa mort, et avant cette perte, comme nous pouvions disposer chaque année d'une certaine somme, nous avions décidé avec ma mère, de l'employer à pourvoir aux frais d'instruction d'un enfant pauvre, appelé par sa vocation à l'état ecclésiastique ; par suite de ce contretemps, nous fûmes obligées de nous priver de cette satisfaction. Je crois l'avoir déjà dit, jamais il ne m'a été possible de m'occuper d'œuvres extérieures. Dieu, dans sa miséricorde, m'en éloigne ; sans doute, parce que je suis si pleine de moi que si je faisais un peu de bien évident, mon amour-propre s'en servirait pour me jouer quelque mauvais tour. Prier et souffrir pour les âmes, en mon particulier, c'est tout ce que je puis faire ; au moins la vaine gloire n'a en cela aucune prise, puisqu'on ignore ce que l'on obtient.

Dans la liquidation embrouillée de M. L..., il nous restait trois autres mille francs placés dans des conditions incertaines ; il y avait tout à craindre qu'ils ne vinssent encore à nous manquer ; cependant, après plus d'une année d'attente, ils nous furent remboursés intégralement. Effrayée des fausses menées que j'avais remarquées dans ce dédale de

mauvaises affaires, je ne voulus plus replacer cet
argent, et je proposai à ma mère d'acheter un petit
immeuble, situé à C..., ancien V..., qui était en
vente ; elle fut longue à se décider, enfin elle y consentit ; j'ajoutai à mes trois mille francs le surplus
nécessaire, et j'en fis l'acquisition. C'est une petite
propriété, placée en haut du village, dans une position salubre et agréable, juste en face de Fourvière
que, par un temps proprice, on distingue comme si
l'on n'en était qu'à cent pas. Ma mère, en la voyant,
fut surprise, car elle ne s'attendait pas à la trouver
aussi bien. La vente avait eu lieu en mars, et nous
devions en prendre possession le 24 juin ; le bon
vieillard qui habitait cette maison depuis dix-huit
ans ne se pressait nullement de nous céder la place ;
nous arrivâmes le 30 de ce mois, avec tous nos
bagages, et nous le trouvâmes encore installé tout à
son aise, n'ayant pris aucune mesure pour se transporter près de là, dans une pension bourgeoise, où
il avait résolu de se caser. J'avais fort à propos
accepté l'offre que m'avaient faite deux personnes
de nos connaissances de nous accompagner ; avec
leur aide, nous entreposâmes le mobilier du bon-
homme dans une autre pièce, afin de laisser libre
celle où il était, et que nous voulions occuper. Trois
jours entiers, nous fûmes encombrées dans ce pêle-
mêle de deux ménages ; c'était à ne savoir où donner

de la tête ! Oserais je l'avouer ? Pendant ce laps de temps, je ne fis aucune prière, ni le matin ni le soir ; j'étais si absorbée, si occupée, que j'oubliai complètement cet acte aussi important ! C'est la seule fois de ma vie où je me suis laissée aller à une pareille négligence. A la fin, délivrée de notre hôte, par trop embarrassant, je pus librement respirer. Ma mère se trouvait bien dans cette nouvelle demeure ; la situation en est charmante, et laisse voir devant soi un vaste horizon ; on y est indépendant sans toutefois être isolé : de nombreuses habitations l'entourent par derrière ; nous nous y serions donc senties heureuses, sans une vraie persécution qui nous fut ouvertement déclarée par les gens de l'endroit : « Ce sont des bigotes ! avaient-ils dit : il n'en fallait pas davantage pour mériter leur haine, leurs injustices et leurs méchants propos, qui nous furent lancés à profusion : ma mère en était effrayée. Dans le mur de la propriété se trouve une petite échappée barrée en fer, qui donne sur la maison voisine ; elle évitait de passer auprès, craignant qu'on ne la tuât. Lasse de cet importun manège, je pris des mesures pour essayer d'y mettre un terme. Les langues s'arrêtèrent en partie, mais les mauvais procédés continuèrent : position tellement fatigante que sans la protection, pour dire le mot, de riches propriétaires qui habitent en face de la maison, je n'aurais même pas pu y séjourner seule deux jours de suite.

C'est fâcheux pour moi que cette petite résidence, d'ailleurs très convenable, soit si peu bien entourée, autrement j'y demeurerais ; je suis en ville où je paye une assez forte location ; je ne sors pas ; combien je serais mieux dans mon jardin ! Malheureusement, je suis comme ma mère était autrefois : je crains ce voisinage.

En général, dans cet endroit, ils n'ont point de croyance ; aussi, le dimanche, l'église est à peu près déserte ; à part une des nefs qui est remplie par des familles venues de Lyon, c'est-à-peine si, dans tout le reste, on peut compter vingt à trente personnes ; par contre, les champs sont, comme les jours ordinaires, pleins de gens qui travaillent, et qui ne laissent leurs occupations que le soir, pour aller s'amuser. A l'époque ou nous vînmes habiter ce pays, il n'était pas rare, pendant la semaine, qu'il n'y eût dans l'église absolument personne assistant à la messe ; souvent M. le Curé n'avait pas de servant ! Sa nièce, qui demeurait avec lui, se plaçait près du sanctuaire et faisait les répons. Il fallait vraiment du courage (surtout n'étant pas encore connue), pour s'approcher de la sainte table ; alors le clerc parlait au prêtre, le prêtre se retournait ; il y avait un moment d'arrêt ; enfin l'on apportait la clef du tabernacle, dont on ne se servait certes-pas tous les jours. Dans la visite de bienvenue que nous fit M. le Curé, je lui dis : « Vraiment, Monsieur, ici c'est un événement qu'une communion! — Ah me répondit-il, c'est déplorable ! tant que je n'aurai pas des religieuses pour élever les enfants (il y avait alors une institutrice laïque), ce sera toujours la même chose! » Ce mot me frappa, j'en gardai le souvenir.

Peu de temps après l'achat de ma propriété, j'allai un jour voir ce qui s'y passait ; j'étais en voiture, et au moment où j'abordai l'entrée du village, j'entendis ces mots : « C... est heureux de te recevoir dans ses murs. » Je cherchai à découvrir ce que signifiaient ces paroles ; tout d'abord je crus y remarquer un piège de l'ennemi, je m'en troublai. Cependant, j'essayai de prendre la chose différemment et de m'en amuser : « Allons, me dis-je, te voilà devenue importante! » Puis réfléchissant sérieusement, je pensai que ce pouvait être parce que je priais pour les habitants ; ce que, en effet, je ne me lassais pas de faire : le sort de tant d'aveugles qui, en présence de la lumière, s'obstinaient à demeurer dans les ténèbres, me touchait beaucoup ; je finis par ne plus penser à cet incident.

Une brave fille, native de l'endroit, demeurait dans notre voisinage ; nous eûmes vite fait connaissance ; elle était sincèrement pieuse, et, à cause de cela, la victime des gens au milieu desquels elle vivait ; on ne saurait se faire une idée de ce qu'elle eut à souffrir de leurs méchantes poursuites; pour eux, elle aussi était une *bigote,* et c'était tout dire.

A une époque plus éloignée, lorsque le nouveau village de V... fut établi, on y construisit une église où l'on transporta le culte, et ce qui, dans l'ancienne, servait aux cérémonies : cette sainte fille en fut désolée; elle fit démarches sur démarches pour obtenir que son petit pays, qu'elle aimait tant! disait-elle, eût encore sa paroisse, et elle priait sans cesse à cette intention. Bien des années s'écoulèrent avant qu'elle pût voir la réalisation de ses désirs; enfin le culte fut rendu à son église, et elle fut au comble de ses vœux. Elle mourut des suites d'une des mille frayeurs qu'on s'amusait à lui faire chaque jour, dans le dessin de la tourmenter, et qui passaient inaperçues; celle-là fut connue à cause de son tragique dénouement! Pauvre fille! je l'ai bien regrettée! Elle m'a appris un couplet, qu'elle se plaisait à me chanter avec un enthousiasme juvénil; je ne l'ai pas oublié : les touchantes aspirations qu'il renferme m'élèvent l'âme et me font rêver au ciel. Le voici :

> Une jeune carmélite, brûlant de l'amour divin,
> 　　Répétait dans ses cantiques :
> J'aime mon Jésus d'un amour sans fin ;
> J'aime mon Jésus, mon époux, ma tendresse,
> J'aime mon Jésus mon amour sans fin !
> 　　Mon amour sans fin !

Je le garde comme un salutaire souvenir que m'a légué cette pieuse fille.

Nous achevâmes de passer notre été assez tranquillement ; à l'époque de la vendange, un de nos parents vint m'apprendre à faire le vin, besogne que je me suis toujours réservée, tant que j'ai pu m'en occuper ; aujourd'hui, je suis vieille, il n'y faut plus penser.

Ce travail terminé, nous rentrâmes à Lyon ; au bout de peu de temps, ma mère tomba malade ; je la gardai six mois dans son lit ; puis vinrent six jours consécutifs d'agonie ; on la croyait perdue .. Elle ne prenait plus rien, lorsque j'eus l'idée de lui présenter un peu de bouillon de poulet... il passa. « Allons ! lui dis--je, vois, il y a un mieux véritable ; courage !... — Oh ! je sais ce qu'il en sera, me répondit-elle : M.T.. (un de nos intimes) vient de me dire que ce soir je serai vers le bon Dieu ! » Bien entendu que M. T... passa plus tard pour un faux prophète. Le mieux se soutient, le beau temps arriva, et nous partîmes pour la campagne. Ma mère était encore faible ; cependant elle n'allait pas mal ; nous retrouvâmes nos arbres et nos plantes avec un vrai plaisir.

M. le Curé avait alors obtenu de prolonger, pour cette année-là, la fermeture des Pâques jusqu'à l'Ascension, fête qu'il avait désignée |pour la première communion. On avait projeté une retraite de huit jours devant servir de préparation aux parents comme aux enfants. Dans ce but, deux religieux arrivèrent, et l'on commença les exercices le jeudi précédent : tout se passa sans incident jusqu'au dimanche soir ; lorsque le lundi matin, on apprit que l'institutrice se trouvait subitement fatiguée, d'une fatigue qui ne faisait pas honneur à sa moralité ; la surprise fut complète : on n'avait pas prévu cela, si ce n'est par un certain doute, dont elle s'était défendue avec indignation. Et il n'y avait personne pour la remplacer auprès des petites filles ; dans ce pays, on a si peu de ressources ! Les exercices de la retraite furent suspendus ! Dès que j'appris ces nouvelles, j'en fus navrée ; je pensai aussitôt à ce que m'avait dit M. le Curé au sujet des religieuses, avec elles seulement quelque bien pourrait s'opérer. Oui ! mais pour cela il fallait de l'argent ; il ne sufffsait pas d'en faire la proposition. J'examine le fond de ma bourse, qui n'était pas très bien garnie, et je reconnais cependant qu'en me gênant un peu, il me serait possible de disposer de quelques centaines de francs. Ma résolution arrêtée, je vais à la cure ; je trouve les deux religieux et M. le curé se promenant dans le jardin, avec un air des plus déconcertés. Ce dernier m'aborde : après quelques mots d'explication, je lui dis : « Le moment, ce me semble, serait opportun pour appeler des religieuses !

— Ah! me répondit-il, je n'y ai pas encore songé! »
Alors, je lui offre, pour faire face aux frais d'instal-
lation, une obligation P.-L.-M. Il l'accepte, et me
dit : « Dès demain, je m'en occuperai. » On s'or-
ganise, la retraite reprend son cours, et la première communion a lieu. L'institutrice se rétablit,
et vient reprendre son poste, à la honte de l'humanité! Pendant ce temps, M. le Curé faisait des démarches; il trouva difficilement des sujets disponi-
bles; enfin, après bien des recherches, il y parvint.
Après quoi, il s'adressa à la municipalité, afin de
faire accepter les sœurs pour diriger l'école commu-
nale; ce fut inutile. Au reste, on ne fut pas surpris
de ce refus, on s'y attendait. Les deux religieuses
de l'Ordre de Saint-François-d'Assise furent donc
installées, avec l'aide de Dieu, à la charge des bonnes
âmes; et elles y sont encore solidement établies! Ne
serait-ce point à cette occasion que m'auraient été
dites les paroles que j'ai citées : « C... est heureux
de te recevoir dans ses murs! » Cela me paraît vrai-
semblable. En effet, sans moi, probablement, l'œuvre
n'existerait pas. Je n'y ai pas grand mérite, en vérité;
le premier petit sacrifice ne m'a rien coûté, tant
j'étais heureuse de le faire; et je ne m'en suis plus
occupée : je ne l'ai pas pu! Là, comme toujours, la
faculté de travailler ouvertement à la gloire de Dieu
m'a été enlevée : mon activité naturelle en eût été

trop satisfaite! Néanmoins, il est vrai de dire que c'est d'après mon initiative que le bien se fait; pas autant toutefois qu'on serait en droit de l'espérer : ces excellentes religieuses mettent tout en œuvre pour jeter la bonne semence dans l'âme des enfants qui leur sont confiées; mais que d'obstacles l'empêchent de s'y développer; d'abord le terrain est mal préparé par la première éducation... et puis, il est tellement jonché d'épines! Que de mauvais exemples trop souvent puisés au foyer paternel! que de difficultés pour mettre en pratique la croyance enseignée par les pieuses maîtresses! Enfin le germe est déposé : tôt ou tard, il produira quelques fruits.

Connaissant les difficultés de la nouvelle position, on nous choisit, pour fonder notre œuvre, une jeune religieuse, sœur Anne-Marie, qui, sous une frêle enveloppe, possédait une rare énergie! Combien elle a eu à souffrir de la part des habitants ! Pendant plusieurs années, ils employèrent tous les moyens pour lasser, pour tourmenter ces pauvres filles ; chaque fois qu'elles sortaient de leur demeure, pour se rendre à l'église, elles étaient sûres d'être poursuivies par toutes sortes de mauvais procédés : moqueries, injures, huées, rien ne leur manquait. Sœur Anne-Marie, par sa prudence, sa fermeté, son dévouement inaltérable, sut malgré tout conduire et maintenir sa barque dans un bon équilibre. Je suis heureuse de rendre ce témoignage à sa mémoire. Puisse le bien qu'elle nous a fait ajouter un fleuron à la belle couronne que doivent lui avoir acquis ses infatigables travaux ! Elle n'est plus ! les grands cœurs s'usent vite ici-bas... Ses remplaçantes continuent l'œuvre avec la même diligence ; aussi, je l'ai dit, la maison se tient debout, sur un pied satisfaisant, malgré toutes les entraves qui lui sont suscitées par les temps malheureux où nous vivons.

Nous eûmes, pendant cet été, de nombreuses visites de la ville ; toutes nos connaissances voulurent voir notre petit domaine que nous leur avions beaucoup vanté ; on le trouva bien ; nous étions fières d'offrir nos fruits et nos fleurs. J'en avais de fort jolies : ce parent dont j'ai parlé précédemment possédait à Orliénas une superbe propriété, où il cultivait avec un goût particulier toute espèce d'arbres et une multitude de plantes ; il m'avait apporté quantité de plançons, de boutures et de graines ; je m'en occupais avec soin et succès d'après ses instructions. Le temps passait vite : il y a tant à faire dans un jardin ! Ma mère examinait, redressait çà et là, ou arrachait quelques mauvaises herbes ; et grâce à cette occupation, pour elle, comme pour moi, les journées s'écoulaient rapidement. Enfin, le temps devint froid ; après avoir terminé les vendanges et la confection du vin, nous quittâmes C...; ma mère ne devait plus le revoir ; et dès lors il devint pour moi un triste séjour. Arrivée à Lyon, elle perdit bientôt le peu de forces que le grand air lui avait rendues ; dès ce moment je me vis obligée de la lever chaque jour seulement à 11 heures du matin, pour la remettre au lit à 3 heures du soir ; elle n'était debout à peu près que pour prendre son repas de midi. Elle dînait de bon appétit : « Je ne suis bien qu'à table ! » disait-elle, ou encore : « L'empereur n'a pas mieux dîné que moi ! » Mais aussitôt après elle souffrait : les rouages de la machine étant usés, fonctionnaient mal. Tout l'hiver se passa ainsi ; elle ne voulait prendre aucun médicament, et dans le fait, il n'en fallait pas ; pourtant, afin de me tranquilliser, je la pressai de recevoir le médecin ; dès qu'elle l'aperçut, elle lui dit : « Monsieur, ne m'ordonnez point de remèdes, parce que je ferais comme l'année dernière ! — Comment donc avez-vous fait ? — Je les ai tous jetés. » Alors il n'en prescrivit que d'insignifiants. Obligée de suffire à tout, de soigner ma mère, de m'occuper du ménage, de faire dehors les courses indispensables, j'étais souvent à bout de forces. Par suite de nos revers, nos ressources étant médiocres, pour répondre aux exigences du moment, je devais me multiplier. Un jour ma mère, me voyant accablée, et navrée de n'y pouvoir rien, me fit cette confidence : « J'avais prié Dieu de me laisser vivre encore un an ; j'espérais

être utile à ma fille ; comme je me suis trompée ! »
Ainsi je fis cette remarque qu'une fois de plus Die
l'avait exaucée, en lui ménageant l'existence, juste
le temps qu'elle avait demandé. Souvent le soir, en
me mettant au lit, fatiguée à l'excès, je me demandais : « Qui est-ce qui pourra demain ouvrir la
porte ? » Enfin dans ce passage difficile, comme dans
tous les autres de ma vie, la Providence me vint en
aide. Depuis longtemps, ma mère ne supportait plus
de rester seule ; elle avait tant souffert, pendant les
longues absences forcées que j'avais faites à l'époque
de nos malheurs, que son esprit en était resté
frappé ; chaque fois que je descendais, il me fallait
laisser quelqu'un auprès d'elle. Elle s'effrayait aussi
de l'isolement qui m'attendait dans l'avenir ; que de
fois elle me répéta : « Anne, ne reste jamais seule ! »
recommandation plus facile à dire qu'à exécuter.
Quand les proches nous manquent, il est difficile de
s'entendre avec des étrangers, surtout à un certain
âge, alors que les habitudes sont prises. Si j'avais pu
me faire servir, oui ; mais mes ressources pécu-
niaires ne me le permettaient pas. Ce qui pouvait convenir, c'était de former une jeune fille, qui serait
restée avec moi, et à laquelle j'aurais laissé plus
tard le moyen de vivre. Eh bien ! même dans ce cas,
les sujets sont difficile à trouver, et je n'y ai jamais
réussi. Cependant, ma mère approuvant ce projet,

nous avions choisi un enfant sur le point de faire sa première communion, que nous devions prendre aussitôt après. Elle entra à la maison précisément l'avant-veille de la mort de ma mère ; cette circonstance, en la rassurant sur mon compte, fit qu'elle partit sans inquiétude. Pauvre mère ! elle ne se doutait pas que la solitude devait être mon partage icibas ! Cependant le mal s'aggravait et la fin approchait ; il y avait huit nuits que je restais auprès d'elle, non pas précisément à la veiller, je me reposais sur un lit à côté du sien, je lui parlais et à peu de chose près cela suffisait ; au milieu de la huitième nuit, elle me demanda son confesseur ; à tout prix il le lui fallait ; pourtant elle était bien préparée ; elle avait reçu tous les sacrements ; son confesseur était très assidu à venir la voir. Je ne sais si c'était un moment de fièvre, ou quelque inquiétude de l'âme qui la tourmentait ; ce fut la seule fois que je la vis en pareil état ; j'en fus effrayée. Le lendemain je pris une garde qui me suffit pendant six jours ; la dernière nuit, prévoyant une triste issue, je lui adjoignis une autre personne. Depuis la veille, j'avais la petite fille que je tenais dans ma chambre ; à 6 heures du matin, rien d'alarmant ne s'étant manifesté, la garde alla chez elle, pour se reposer, comme elle l'avait fait les jours précédents ; l'autre personne s'en fut de même. J'abordai ma mère, et je lui

dis : « Tu souffres beaucoup? — Non! » me répondit-
elle. Nous causâmes encore un moment; puis j'allai
soigner quelque chose que j'avais sur le feu, et pour
qu'elle ne restât pas seule, je lui envoyai la petite.
J'entendis ce colloque : « Bonjours Madame. —
Bonjour ma fille. — Avez-vous bien dormi? — Oh!
non. — Alors vous êtes bien malade; vous ne savez
pas... il faut offrir vos souffrances au bon Dieu, et...
Il vous guérira... bien! » Ma mère lui demanda le
christ qui était à côté de son lit : elle le baisa!...
Puis l'enfant revint près de moi, et je retournai immédiatement vers ma mère : je la trouvai les yeux
fermés, les traits calmes, le teint clair, mieux que je
ne l'avais jamais vue. Je regarde, j'écoute, rien!...
Je lui touche le front, il était brûlant; je regarde de
nouveau, j'écoute encore, toujours rien!... C'était
fini! elle s'était éteinte, en baisant le crucifix qu'elle
avait elle-même demandé! Quelle mort digne d'envie!
Pourtant c'était fini! Cette fois j'étais seule au monde;
de nouveaux tourments m'attendaient. J'ai fait
pour ma mère comme j'avais cru devoir faire pour
mon père, tant pour sa dépouille mortelle que pour
le repos de son âme; mais j'avoue que mon chagrin
était moins grand ; néanmoins, je sentais vivement
sa perte, parce qu'elle me laissait dans une sollitude
complète. En perdant mon père, j'avais encore ma
mère à soigner; après elle, rien, plus rien! C'est

l'isolement, c'est la solitude! quelle affreuse chose!
On regarde autour de soi, personne! on veut parler,
personne! on a besoin de se donner, de se dépenser,
personne! plus personne, plus rien! en tout et toujours : voilà la solitude! encore une fois quelle affreuse chose!

La petite fille que j'avais prise avec moi était une
enfant mal élevée, élevée par des parents vicieux, dont
elle avait par un instinct précoce compris l'indi-
gnité; en conséquence, enfant indisciplinée, qui se
trouvant d'un caractère fortement trempé, à douze
ans, déjà, était indomptable. Je mis en œuvre tout
ce que j'avais de moyens à ma disposition pour essayer de réformer tant de travers; malgré mes cons-
tants efforts, pendant trois mois que je la gardai, je
n'obtins pas le moindre amendement; alors je m'en
séparai. Après elle, je formai le projet de prendre
avec moi une femme veuve, de notre quartier, dont
j'avais connu le mari; elle aussi désirait ce rappro-
chement; mais auparavant je voulus l'étudier un
peu, et bien m'en prit. Cette femme, en perdant son
mari, avait vu disparaître en même temps une certaine aisance à laquelle elle était habituée; et peut-
être pour faire diversion à ses ennuis, ou pour chercher vainement et faussement à y remédier, elle
s'affilia aux spirites; bientôt sa tête s'embrouilla, il
n'y resta qu'un point fixe : on lui donnait des sorts!

disait-elle ; et mille autres divagations de ce genre, dont fort heureusement je m'aperçus : je renonçai donc à la faire entrer chez moi. J'essayai encore différents sujets, et aucun ne me donna satisfaction ; enfin, lasse de toutes les déceptions que j'ai éprouvées, sur ce point je ne cherche plus ; depuis environ huit ans, je me suis résignée à accepter pleinement cette lourde croix de solitude que la destinée m'impose. Peut-être aussi est-ce ma faute? Voici ce que me dit à cette occasion l'un de mes derniers confesseurs : « Vous n'êtes pas d'une nature à vivre seule, et vous ne pourrez jamais vivre avec personne. — Que faut-il donc faire? — Il faut souffrir ! » Il m'avait bien connue ; sans doute, il disait vrai : nature dénuée de patience, de condescendance, de charité ; sur laquelle Dieu se voit forcé de travailler jusqu'au bout, pour la rendre moins indigne de lui ! Ne nous plaignons donc pas, ô mon âme ! si nous souffrons toujours ; acceptons courageusement cette épreuve, toute d'amour et de miséricorde ; elle nous deviendra profitable ! Cependant, pour être sincère, et ne pas faire de fausse humilité, j'ajouterai : « Je crois un peu que la Providence n'est pas restée tout à fait étrangère à cet état de chose; voici un fait à l'appui de ce que j'avance : J'avais perdu mes parents : la solitude m'enveloppait de son triste linceul; accablée de désolation et n'y tenant plus, je me dirige un jour vers les Pères, ma ressource dans les moments de grande détresse. J'étais au parloir où j'attendais ; on m'en envoie un que je ne connaissais pas ; je lui expose la cause qui m'amenait : aussitôt il me répond : « Ne restez pas seule ! ne restez pas seule ! » Sentant que ce langage ne concordait pas avec l'état présent de mon âme, je lui dis : « Mon père, si vous « voulez le permettre, je vous montrerai quelques « lignes (que j'avais écrites à cette intention) qui « vous dévoileront plus clairement quelles sont mes « dispositions intérieures. » Après les avoir lues, et sans craindre de se contredire, il reprend : « Restez tranquille ! quand cet isolement devra ces- « ser, la Providence mettra quelqu'un sur vos « pas. » C'était ce qui me convenait ; non pas en apparence, puisque cette décision me laissait seule comme auparavant, mais pour l'instruction de mon âme. Je m'en retournai, toujours souffrante, à la vérité, mais calme et résignée. Depuis, j'ai regardé de côté et d'autre, j'ai attendu : personne n'est venu ; aussi mon parti est pris : je n'attends plus que..... l'heure de la délivrance !

On était au mois de juillet lorsque je remis la petite fille à sa mère ; je me trouvais bien fatiguée de toutes les luttes que j'avais eues à soutenir avec cette malheureuse enfant ; et le pire de tout, c'est que j'étais seule ; aussi, ne pouvant rester stable nulle part, j'alternais de la ville à la campagne ; puis souvent je montais à Loyasse ; mais quelle différence avec le temps où je m'y rendais pour mon père ! Au retour, ma mère m'attendait ; elle me questionnait sur ce que j'avais vu, s'intéressait à ce que j'avais fait ; nous en causions ensemble ! Maintenant, j'y allais avec empressement, il est vrai ; je m'y retrouvais avec des restes chéris ; tant que je restais là, je ne songeais pas à autre chose ; mais en redescendant !... d'avance, je voyais la maison déserte ; et en rentrant, personne !... Il me semblait recevoir le coup de la mort ; cela me faisait tant souffrir, que je fus forcée de suspendre mes fréquentes visites au cimetière ; je n'en fis plus que par nécessité. Enfin, le moment vint de m'occuper de la vendange ; je m'en acquittai tant bien que mal : mon esprit était ailleurs ; puis je rentrai à Lyon, où je devais être encore plus malheureuse. Bientôt après, je fus tout à fait arrêtée ; alors, entièrement livrée à moi-même, sans force, sans secours sensible, que de fois je me suis écrié : « Mon Dieu ! où êtes-vous ?... et personne ne me répondait. Tourmentée de me voir dans un si grand désœuvrement, inutile à tous, et me retrouvant si douloureusement seule, ensevelie entre mes quatre murs, je me demandais avec anxiété : « Est-ce bien là que doit se passer ma vie ? » Dans cette désolante perplexité, je m'écriais encore plus fort qu'à l'ordi-

naire : « Mon Dieu ! où êtes-vous, pour me montrer
ma route ? Mon Dieu ! que dois-je faire ? » Après
avoir quelque temps supplié de la sorte, j'entendis ces
paroles : « Là où tu es, restes-y ; les événements te
traceront ta voie. » Depuis, je n'ai plus rien cherché, plus rien désiré ; j'examine ce qui se présente
devant moi ; si je m'y sens poussée, je suis ma route ;
me laissant entraîner comme par un torrent, où plutôt me laissant conduire, plus ou moins docilement,
par la divine Providence. Mais dans ce trajet tumultueux, que de secousses ! que de contre-coups ! que
de brisements ! On le verra par la suite. Le croirait-
on ? le plus difficile de ma vie est encore à passer !
Pour unique soutien dans ces maux de tous genres,
j'ai la RÉSIGNATION ; et lorsqu'un rayon lumineux
me permet d'entrevoir, du milieu de cet abîme de
misères, un avenir meilleur, j'y ajoute l'ESPÉRANCE.

Je dois faire remarquer ici que, pendant ces cinq
dernières années, traversées par tant de revers, j'ai
été gratifiée d'un surcroît de force tout à fait excep-
tionnel. Longtemps déjà avant la mort de mon père,
je ne faisais plus que de rares sorties, très peu pro-
longées, et qui toujours me fatiguaient ; la moindre
émotion m'indisposait sérieusement ; or, à ce moment, je pus supporter chagrins, tourments, fatigues
de toutes sortes ; non sans peine, loin de là, néanmoins il me fut toujours possible de me trouver de-

bout, pour suffire aux exigences de la position ; dans toutes les circonstances difficiles de ma vie, il en a été de même. Incontestablement, Dieu n'a jamais perdu de vue sa pauvre et malheureuse enfant ! mais lorsque tout devoir eut cessé pour moi, je fus définitivement brisée ; depuis lors, chaque année j'ai constaté une diminution dans ma faculté d'agir : ainsi d'abord, ce fut pendant trois mois de la mauvaise saison que j'ai été privée d'aller à l'église ; plus tard, ce fut pendant six mois ; aujourd'hui je n'y vais plus du tout, par la raison que l'atmosphère en diffère trop sensiblement de celle de ma chambre, toujours chauffée et fermée avec soin. La dernière fois que je m'y rendis, c'était il y a deux ans, pour faire mes Pâques ; j'avais pris des précautions afin d'y rester le moins de temps possible ; après quelques minutes d'attente, je sentis soudain un frisson, avant-coureur d'une fatigue plus grave. S'il n'y avait pas eu urgence, je serais immédiatement partie ; mais cinq minutes encore, et je recevais mon Dieu ! Je m'obstinai ; bientôt je fus saisie d'une crise nerveuse insoutenable ; depuis lors, je n'ai plus essayé Les deux dernières années, j'ai fait mes Pâques à la maison.

Quant à la campagne, il y a déjà longtemps que j'ai été obligée pour y aller de prendre une voiture particulière : parce que je ne pouvais pas, sans en être ensuite horriblement fatiguée, faire le trajet de la station de l'omnibus à ma demeure, trajet qui est de quinze minutes. En outre, je partais de Lyon, en un assez bon état de santé, et, au bout de deux ou trois jours, sans comprendre pourquoi, j'étais tellement malade qu'il me fallait rentrer en ville. C'était toujours par la même cause : le changement de température ; de sorte que j'ai été forcée de renoncer à faire là-bas le moindre séjour ; j'y vais encore une fois ou deux durant la belle saison, dans une voiture de louage, qui me ramène après que j'y suis restée une demi-heure ; à peine le temps d'examiner au plus vite ce qui s'y passe ; ce qui ne laisse pas encore de me causer une grande lassitude ; par suite cette propriété est devenue pour moi un ennui plutôt qu'un agrément.

C'est vers ce même temps que je perdis l'attrait sensible pour Notre-Seigneur. Maintenant je parle de Dieu, de la Providence, mais plus comme autrefois je parlais de Jésus, du bon Maître ! aspirations bien goûtées, qui tombaient comme une douce rosée sur le brasier pétillant renfermé dans mon cœur ! Je ne suis jamais demeurée longtemps dans le même état d'âme : chaque événement de ma vie a été une étape, me faisant avancer dans le chemin, je ne puis pas dire de la perfection, parce que ma nature est toujours la même, mais de la désillusion du cœur ; sous ce rapport, la réforme est complète. Il faut bien avouer que, pour ne pas le distraire de cette application si chèrement acquise, je le tiens soigneusement rivé à Dieu seul ; il n'a pas de peine à se soumettre au joug, parce qu'il est définitivement convaincu que tout le reste n'est rien. La dernière affection de ma vie, contenue dans le fait suivant que je vais rapporter, lui a fourni sa dernière instruction, lui a donné, je le déclare avec sincérité et bonheur, le dernier coup. Mais avant d'en arriver là, Dieu seul sait ce que ma nature aimante a souffert, non seulement de ne pas aimer, mais aussi de n'être pas aimée.

A ce sujet, après des luttes sans fin, je passai une fois une nuit entière dans une véritable agonie du cœur, agonie réelle, qui a été son dernier combat. N'être aimée de personne! et en conséquence pas une larme plus tard versée sur ma tombe, pas un regret donné à ma mémoire ! Ces pensées me tenaient absorbée dans un désespoir affreux ; pendant une nuit entière, je le répète, j'ai lutté corps à corps contre cet affreux cauchemar ; je dis cauchemar, mais je n'en étais pas moins éveillée, aiguillonnée par le sentiment de la triste réalité. C'était probablement une tentation ; avec l'aide de Dieu, j'en sortis triomphante ! Depuis, ce genre de peine ne m'a plus jamais tourmentée. Aujourd'hui, au contraire, je serais désolée de laisser après moi des êtres chéris qui me regretteraient, et dont, par anticipation, je sentirais le tourment.

Voici donc ce qui m'arriva : Par une circonstance inattendue, je crus recevoir de la main de Dieu, précisément au moment où j'y avais complètement renoncé, ce que j'avais désiré, recherché pendant vingt années de ma vie : un ami ! D'abord on me fait des avances ; je commence par n'y pas répondre : je ne voulais plus aimer ; je connaissais l'inconstance des affections humaines, leur impuissance à satisfaire un cœur créé pour le ciel. On insiste, même refus de ma part ; cependant les choses se présentaient tellement marquées au cachet de la Providence, et me montraient si évidemment la perspective de faire un peu de bien, que je me reprochai de vouloir m'y soustraire. J'examine donc tout avec plus de soin, et je finis par accepter ; je me donne sans réserve à cette nouvelle affection, en m'abandonnant à la garde du Maître qui en était le principal mobile. Je reçois en échange, un acte authentique, qui promettait, sous mes auspices, l'avancement d'une âme chère au cœur de Dieu ! Par cette espérance, je jouis de six semaines de bonheur, le seul que j'aie eu de ma vie, bonheur pur et sans mélange, parce qu'il paraissait m'être présenté par une main divine ; mais je veux le dire tout de suite, ces six semaines de bonheur, il m'a fallu les racheter par six années de cruelles souffrances ! En effet, je reconnus bientôt que je travaillais sur une terre ingrate ; n'importe, conservant toujours un peu d'espoir, et voulant prouver à Dieu mon dévouement, je poursuivis mon œuvre. Oui, pendant six ans, je persistai à prier, à lutter, à douloureusement aimer ! Peines et temps perdus !.. Je me trompe, le bon Maître, voyant la pureté de mes intentions, et mon entier bon vouloir (malgré les nombreuses défaillances de la nature, qui se sont multipliées pendant ce combat long et définitif), le bon Maître, dis-je, fit tourner la lutte au profit de mon âme. Cette dernière épreuve m'a enfin obtenu la liberté du cœur, grâce par excellence, qu'on ne saurait payer trop cher ! Auparavant, j'étais déjà libre par la volonté, sans l'être tout à fait par le sentiment, et celui-ci me tourmentait sans cesse ; aujourd'hui je le domine, donc la victoire est complète. Oui, aujourd'hui l'essai en est fait : je peux vivre sans le secours d'aucun appui cher au cœur : c'est le fruit de la leçon reçue ; et, pour ma nature indépendante, c'est le trésor découvert, il est vrai, sous un amas de ruines, mais cependant trouvé, et apprécié à sa juste valeur. La foi et l'espérance viendront, quand il le faudra, m'apporter force et consolation ; je compte sur ce secours : Dieu l'a promis à l'âme fidèle.

Si je suis entrée dans ces détails, c'est afin de faire.

connaître le moyen dont Dieu s'est servi pour m'amener à ce dépouillement progressif du cœur, travail de
toute ma vie, heureusement couronné de succès. Que
de grâces j'ai à vous rendre, ô mon Dieu! pour un
bienfait si grand! Je ne pouvais vivre que par le
cœur... encore toute jeune, je le comprenais; et c'est
pourquoi quand je me sentais frappée en cet endroit
je jetais les hauts cris, même pour les plus légères
blessures; par le cœur aussi j'étais fière! Et c'est
précisément cette faculté d'aimer, fondement de ma
vie, qui a été surtout attaquée; oui toujours l'ennemi visait au cœur; dans toutes les luttes, le cœur a
été blessé; mais soutenu, relevé par la grâce de Dieu,
il n'a jamais été vaincu. Je crois que toutes les âmes
ont aussi un côté spécialement attaquable, et atta-
qué. Qu'elles sachent donc d'abord distinguer le
genre de guerre qui leur est déclaré, puis qu'elles
établissent Dieu comme chef suprême au siège de la
défense; alors, combattant sous ses ordres, sous son
regard permanent, elles sont assurées du succès. Je
ne connais pas d'autre chemin pour parvenir à la
victoire!

A ce pénible exercice du cœur est venu se join-
dre, pour travailler de concert à mon entière destruction, un autre tourment plus affreux encore; le
premier a cessé: oui, au cœur j'ai la liberté; le second
existe toujours; depuis qu'il a commencé à me tortu-

rer, il ne m'a pas laissé un instant de repos; il n'est
pas compris, et par ce fait, plus douloureux encore
à supporter, parce que personne n'y compatit, et il
est sans remède; ma volonté n'y peut rien. C'est une
fatigue nerveuse ou morale, que je vais tâcher d'expliquer. Me trouvant très affaiblie, je me décidai à
suivre un traitement homéopathique, dont je retirai
un certain bien; l'hiver suivant, je fis de même; je
ne m'en trouvai pas mal; seulement j'éprouvai un
autre malaise: le mouvement que j'entendais au-
dessus de moi me produisait un effet étrange: ce fut
le début de mon nouveau supplice. Ce bruit qui me
gênait tant, était occasionné par le mécanisme d'un
atelier de soierie: je l'avais supporté toute ma vie
sans y faire la moindre attention; j'étais née dans
cet appartement, et je pensais y finir mes jours; mais
l'homme propose et Dieu dispose! D'abord je fis part
de mon inquiétude à la maîtresse de l'atelier, en la
priant d'éviter tels et tels mouvements qui me fatiguaient le plus: elle n'en fit rien ou à peu près; alors
ma susceptibilité redoubla; disposition fâcheuse que
j'attribue à l'effet trop violent de l'homéopathie sur
ma complexion si nerveuse; ou bien encore à un
dessein particulier de la Providence. Il me serait
difficile d'exprimer ce que j'en ai souffert et ce que
j'en souffre encore. Pour essayer de me soustraire à
ces bruits importuns, j'ai plusieurs fois changé de

demeure ; déplacements très pénibles pour moi, dont je raconterai les diverses péripéties. Cependant avant de prendre une détermination, j'essayai auprès de ma voisine une autre tentative, qui demeura encore sans résultat ; alors je m'adressai au propriétaire, je lui demandai de faire, dans la disposition de l'appartement, une certaine réforme, qui me paraissait pouvoir remédier, du moins en partie, à l'inconvénient dont je me plaignais ; d'abord il parut y consentir, puis il refusa absolument. Il y avait près de soixante ans que mon père avait commencé à habiter cette maison, et nous y étions toujours restés dans des conditions que le propriétaire pouvait avoir appréciées ; par cette raison même, je me croyais en droit d'attendre mieux. Outrée de rencontrer si peu d'égards, je donnai ma dédite, quoique à mon grand regret, et je me suis mis en devoir de chercher un autre logement. J'en trouvai un à l'extrémité opposée de la ville ; il paraissait me convenir ; je l'arrêtai ; après quoi, il s'agit de préparer mon déménagement : ce n'était pas une mince besogne. Je me voyais en présence d'un mobilier de trois générations, dont chaque objet était serré dans un coin, sans en avoir jamais été déplacé ; il me fallut faire un grand triage ; j'en donnai une partie ; je reléguai l'autre à la campagne, et la Saint-Jean arrivée, je fis transporter ce que j'avais réservé à mon nouveau domicile. Enfin me voilà installée, dans un appartement fraîchement réparé à mes frais, au second étage ; un escalier agréable et facile à monter y conduisait : le local était gai en lui-même, quoique donnant sur une cour, laquelle, il est vrai, était vaste et bien aérée : de ma fenêtre, j'apercevais de la verdure, et en réalité ce n'était pas trop mal. Mais ce qui était moins bien, c'est que j'y fus encore entourée de bruits de toutes sortes ; la nuit même, je n'étais pas tranquille, et je m'aperçus bientôt que je ne pourrais y faire un long séjour.

Là, entre autres locataires, habitait une personne non mariée, ou si l'on veut, vieille fille comme moi, à l'air comme il faut, d'une conduite régulière, et très agréable en société. Je la vis souvent, et nous finîmes par nous lier. Elle était constamment sur ses gardes, et parlait fort peu d'elle-même : aussi on ne connaissait pas ses antécédents. Au commencement, nous causions entre nous de choses indifférentes ; puis, étant plus expansive, et n'ayant rien à cacher de ma vie et de ma conduite, je parlai de moi la première ; elle m'écouta d'abord avec intérêt, puis me questionna adroitement ; je répondis à tout ouvertement de façon à ne pas laisser suspecter ma franchise ; point que je considère comme ayant, plus tard, produit sur elle un salutaire effet. Longtemps elle me laissa dire, sans rien dévoiler sur son compte ;

je ne me lassai pas; au reste l'attention qu'elle prê-
tait à mes causeries m'encourageait; elle était instruite, fine dans ses réparties, tout en elle me plaisait; enfin je gagnai sa confiance, et elle me raconta
son histoire: « Son père mourut de bonne heure,
laissant une jeune famille, dont elle était l'aînée; à
la suite de cet accident, arrivèrent des revers de
fortune, qui mirent tout le monde à la gêne; et comme
celle-ci était déjà en âge de se suffire, sa mère,
quoique à regret, se vit forcée de s'en séparer. Un
de leurs parents, un grand-oncle, était supérieur
d'une maison religieuse; on résolut d'y caser la
jeune fille, qui alors avait à peine seize ans. Mais
arrivée dans cette communauté, elle sentit que ce
n'était pas sa vocation : tout en elle le prouvait, elle
avait les vraies allures du monde! A cette nouvelle,
sa mère s'effraye, se désole; elle entrevoit pour sa
fille tout les dangers ; que faire?... on hésite!...
Cependant elle revient à la maison paternelle; puis
retourne au couvent, pour lequel elle sent toujours
la même répulsion; enfin elle se décide, à cause de
sa mère, elle m'en a fait l'aveu, seulement à cause
de sa mère et pour assurer sa tranquillité, à se faire
religieuse; et elle se sacrifie ainsi! Dire ce qu'elle a
souffert, retenue malgré elle dans cet asile de la prière
et de la pénitence, ce serait impossible! Prévenue
par la répulsion qu'elle éprouvait intérieurement

contre toutes les pratiques de piété qu'elle voyait observer autour d'elle, elle ne pouvait croire que l'on s'y livrât avec sincérité; tout lui paraissait fausseté, hypocrisie; et, par conséquent tout lui était suspect, elle se défiait de tout! Elle passa vingt-cinq ans dans ce cruel martyre; alors sa mère mourut et aussitôt elle brisa ses liens. Elle sortit du couvent non seulement avec une conscience équivoque, mais encore avec l'esprit entièrement faussé sous le rap-port religieux; par suite, elle nourrissait de fâcheux préjugés contre tout ce qui avait rapport soit à la piété, soit au sacerdoce, etc., en un mot, contre les principes mêmes de la religion: pourtant elle croyait encore en Dieu; elle aimait son père saint François, et elle assistait aux offices. Mais elle fuyait tout ce qui aurait pu exiger d'elle un aveu quelconque: et vivait ainsi persuadée que personne n'était capable de jamais lui prouver qu'elle fût dans l'erreur. Après qu'elle eut commencé à m'ouvrir son cœur, elle ne borna pas là ses confidences; elle ne craignit pas de me dérouler toutes ses inventions fantaisistes; alors nous discutions, et cela me faisait un mal affreux. Je n'ai pas la tête solide, ou plutôt l'imagi-nation m'entraîne; et malgré mes convictions bien arrêtées, j'ai besoin de ne rien voir, de ne rien savoir en dehors de ma foi pure; je la supportais donc par charité, espérant que Dieu me soutiendrait. Un jour,

me regardant fixement, elle m'adressa cette question
d'un air qui semblait me jeter un défi : « Est-il bien
vrai que l'on puisse être sincèrement pieux? » Cette
demande, jointe au ton qui l'accompagnait, me laissa,
dans ma naïveté, interdite d'étonnement; mon silence
lui en dit plus que des paroles éloquentes et dès lors
elle me crut vraiment convaincue; elle s'extasiait
devant la découverte d'une chose qu'elle n'avait
jamais voulu ni concevoir, ni admettre pour qui que
ce fût. En est-il résulté pour elle quelque bien? Je
l'ignore. Peu de temps après, je m'éloignai d'elle,
parce que je déménageai. Bientôt je sus qu'elle était
morte presque subitement; cependant j'appris avec
satisfaction qu'elle avait reçu les derniers sacrements
dans de bonnes dispositions, extérieurement du
moins; j'aime à penser que l'intérieur y répondait;
elle fut assistée par un digne ecclésiastique, qui lui
montra un intérêt tout particulier; à ses derniers
moments, elle me fit demander; mais soit qu'on n'eût
pas mon adresse au juste, soit pour une autre cause,
je n'eus pas connaissance de son désir; j'en ai été
vraiment peinée.

Je ne voulais décidément pas rester dans cet
appartement ; outres les inconvénients des bruits de
toutes sortes qui se multipliaient autour de moi, je m'y
sentais dépaysée. Je m'arrangeai pour y passer tant
bien que mal la mauvaise saison, et le printemps

venu, je me mis à la recherche d'un autre local. J'en découvris un dans mon ancien quartier, je m'empressai de l'arrêter, et aussitôt de le faire réparer. Ce qui surtout me faisait plaisir, c'est que j'allais me rapprocher de deux dames de ma connaissance, la mère et la fille, modestes, bonnes, pieuses l'une comme l'autre. Je tenais beaucoup à leur voisinage, mais je n'en jouis pas longtemps: j'étais à peine installée depuis un mois, lorsque Mlle P... tomba malade; assez souffrante moi-même, je ne pus lui faire aucune visite; j'avais régulièrement de ses nouvelles; au bout de vingt-cinq à trente jours, on m'annonça qu'elle était mieux, et de mon côté, me sentant plus forte, j'allai la voir; je la trouvai levée, entourée de sa mère et de la religieuse qui la soignait; elle paraissait heureuse, et semblait renaître à la vie; je la quittai avec l'espérance qu'elle nous serait conservée, Qu'arriva-t-il ensuite? je ne le sais pas; toujours est-il qu'elle retomba, et bientôt il me fallut à tout jamais en faire le sacrifice; elle avait quarante ans! J'avais préparé à son sujet une petite notice, que je croyais pouvoir mettre au jour; sa mère, humble à l'excès, refusa. Je m'en dédommage aujourd'hui, en plaçant ici un abrégé de cette relation, comme un souvenir donné à la mémoire d'une excellente amie :

« C'est le 5 janvier 18..., que Mlle P... a rendu à

9.

Dieu sa belle âme! Quel dommage qu'une existence qui promettait tant et de si beaux fruits de charité, se soit si vite éteinte! Sa paroisse, Saint-Polycarpe, qu'elle n'avait jamais quittée, et qu'elle aimait d'un amour de prédilection, avait mis en elle, pour le soutien de ses œuvres, des espérances qui paraissaient bien fondées. La Providence en a disposé autrement! Douée d'une simplicité admirable, Mlle P... faisait le bien sans s'en apercevoir; elle se multipliait pour rendre service à ses semblables, et pour être utile à la gloire de Dieu. Dans les différentes associations religieuses dont elle était membre, elle s'acquittait avec une scrupuleuse fidélité des emplois confiés à ses soins; tout en n'acceptant jamais aucune charge qui pût la mettre en évidence; parce que toujours défiante d'elle-même, elle était à ses yeux la dernière de toutes, et qu'elle croyait aussi l'être aux yeux d'autrui. D'un abord facile, Mlle P... recevait avec bienveillance même les personnes d'une condition très inférieure; elle s'intéressait à leurs peines, entrait dans les plus minutieux détails sur ce qui les concernait; et si elle ne leur répondait pas par de grands mots, souvent vides d'effets, son air compatissant y suppléait: aussi toujours on la quittait fortifié et content. Prodigue d'attention envers sa bonne mère, qu'elle a laissée inconsolable, et qui ne lui a survécu que quelques années, elle s'oubliait elle-même, ne se plaignait jamais, et négligeait de se soigner quand elle souffrait; et cela sans que personne s'en doutât, parce qu'on la trouvait toujours souriante, même au plus fort de la douleur; c'est ainsi que sa santé, déjà ébranlée à la mort de son père, qu'elle chérissait au delà de toute expression, s'affaiblissait insensiblement. Elle ne s'arrêta que lorsque le mal fut sans remède. L'esprit de mortification était la principale cause de sa négligence; mais ce fut son secret, seule une amie intime a su le découvrir, et lui en arracher adroitement l'aveu, dans un entretien familier. En cela, sans aucun doute, cette âme chère à Dieu suivait l'attrait particulier que lui inspirait le bon Maître. Oui, la mortification était sa voie, voie à laquelle elle fut toujours fidèle, et dont elle subit le joug jusqu'à sa dernière heure; en effet à ce moment définitif, elle désirait revoir et demandait avec instance le prêtre qui depuis longtemps avait sa confiance, et qui l'avait assidûment assistée pendant sa douloureuse maladie. Par un dessein caché de la Providence, cette satisfaction lui fut ravie, dernier sacrifice qui couronna une vie si belle et si bien remplie! La piété de Mlle P... était simple, mais solide, visant constamment à Dieu; moyen le plus assuré de marcher droit dans le chemin du salut! Pour récompense de toutes ses vertus, pratiquées à l'ombre tutélaire de l'humilité, déjà, on peut le croire, elle jouit du bonheur suprême : voir Dieu! et être assuré de l'aimer à jamais! »

J'avais donc loué un autre appartement ; il s'agissait maintenant de me dégager de l'ancien, pour lequel j'avais contracté un bail de six années ; ce n'était pas chose facile, comme on peut le comprendre. Cependant, après bien des pourparlers, je m'entendis avec le régisseur : je donnai cent cinquante francs d'indemnité, et je me trouvai enfin libre de partir. J'arrivai á mon nouveau domicile le 1ᵉʳ octobre, je ne tardai pas à m'apercevoir que je m'étais encore fourvoyée : bruits de toutes sortes, vilain voisinage, voilà ce que j'y trouvai; néanmoins, je me mis en mesure de m'y établir le moins mal possible. Là, point de repos, même pendant la nuit : un certain homme qui travaillait toute la journée dans une fabrique ce cartons, en faisait pour son compte, à partir de 10 heures du soir, jusqu'à une heure indéterminée; et cela précisément au-dessus de mon lit. Alors commença un nouveau martyre; cette résidence me devint un tombeau; si je n'y suis pas morte physiquement, une mort morale s'y est réellement accomplie : maladie, peines de l'âme, tortures du cœur, et surtout tourment incessant occasionné par le bruit, qui était alors l'exercice principal devant achever l'œuvre de ma destruction intime : tout se réunissait contre moi. Entourée de gens avec qui je ne pouvais entretenir aucuns rapports, ni près desquels j'eusse à espérer la moindre concession, je souffrais en silence, sans me plaindre, la torture produite sur moi, par le bruit que j'entendais constamment de tous côtés. Quant au cœur, la dernière affection, dont il avait accepté d'être la victime, le minait sourdement, au point qu'il en mourut; c'est véritablement le mot; ce fut son dernier jet sensible.

Ma santé était perdue; pendant les vingt et un mois que je demeurai dans ce triste réduit, je n'eus pas un seul moment de bon; et mon âme plongée dans une obscurité profonde, resta pendant ce long espace de temps comme enveloppée dans un linceul. Oui, pendant ces vingt et un mois, pas l'ombre d'un rayon lumineux n'était venue relever mon intelligence engourdie dans l'abîme du désespoir. Rien! rien pour me sortir de ce chaos dans lequel, jour et nuit, j'étais ballottée, brisée! Je me trompe : pendant cette crise d'agonie, d'humiliation, de destruction, c'est toujours la résignation à la suprême Volonté, et l'espérance d'un avenir meilleur, que la foi promet à celui qui combat pour l'amour de son Dieu, qui m'ont prêté force et secours. Donc, vie de *résignation* et d'*espérance*, voilà ce que contient ce troisième chapitre que je suis sur le point de terminer.

Dans cette dernière lutte, c'est l'amour-propre qui

fut particulièrement atteint ; c'est lui qui était spécialement visé ; jusque-là, il était resté fort de sa force
propre ; jamais il n'avait subi une attaque directe ;
dans tous mes combats, il avait su se replier sur lui-
même et se garder intact, renfermé dans sa préten-
due dignité. Oui, jusque-là ma nature altière avait
vivement senti le plus petit froissement, sans jamais
s'arrêter à y répondre ; à ses yeux, elle se serait dé-
gradée ; réprouvant le monde et ses appréciations,
elle lui jetait à la face un dédaigneux mépris ; pour
elle, le mépris était sa vengeance, c'était sa victoire,
sa gloire. Singulière et malheureuse nature ! à laquelle Dieu seul, dans sa sagesse infinie, pouvait
trouver un remède pour la guérir d'un si grand mal.
Il s'est servi du plus simple, du plus minime de tous
les moyens : craindre le moindre bruit, au point d'en
perdre la raison ! En conséquence être assujettie,
être dominée par tout ce qui m'entoure, voilà le fait
dans sa vérité ; et ce moyen, précisément par sa pe-
titesse, est capable de m'humilier davantage. Pour
entrer au ciel, il faut l'humilité ; et, d'après ce qui
précède, je ne la pratiquais pas. Le Dieu de miséricorde est venu, par sa puissante intervention, ex-
tirper du plus intime de mon être ce venin caché,
dont je n'apercevais pas le danger : l'amour-propre !
Cette épreuve m'était divinement préparée pour at-
taquer d'une manière complète ce *moi* humain, si

tenace à la vie : dans mon amour-propre d'abord, je viens de le dire, puis dans ma volonté, qui est de fer. J'en étais fière : avec elle, je pouvais tout affronter, tout surmonter ; je devais encore l'immoler à Dieu ! Il a su la briser. C'est ainsi que ce nouveau tourment, malgré mes efforts, être retenue terre à terre par un peu de bruit, réduisit d'un seul coup à néant et mon amour-propre et ma volonté.

Chaque étape de ma vie a été marquée par l'action de Dieu, action précisément adaptée au besoin du moment ; j'en étais à l'agonie du cœur : si l'amour-propre eût conservé intacte sa satisfaction d'être, et la volonté sa vigueur, soutenu par ces deux auxiliaires, mon cœur n'eût pas voulu mourir encore, et incontestablement alors il le devait ; tandis que privé de leur secours, se sentant seul, sans force, sans appui, il fut obligé de s'avouer vaincu, et ainsi l'œuvre de Dieu se fit sans entraves. Mon cœur mourut ! oui, dès lors son action sensible cessa d'agir ; il n'a pourtant pas cessé de vivre, ainsi que je l'ai cru pendant longtemps, mais en réalité sa vie propre n'existe plus !

Au début de cette lutte suprême, quelque chose comme un rayon de lumière m'éclaira sur l'état intérieur de mon âme, état que je viens de définir ; me voyant si orgueilleuse, si misérable, si indigne de Dieu, j'en étais effrayée et je désirais vivement en sortir ; ne trouvant rien en moi qui pût m'en fournir le moyen, je m'écriai, dans mon angoisse : « Seigneur, que faut-il donc faire ! » Et le bon Maître me répondit : « Il faut me laisser faire ! » Laisser faire Dieu ! c'est s'oublier, c'est s'effacer, c'est se perdre en tout et toujours dans l'action de sa divine charité !.. Et j'ai répondu :

> Oui, Seigneur, m'immoler à votre bon plaisir
> Ce sera désormais mon unique désir !

Premier acheminement vers cette voie d'abandon, à laquelle je me sens appelée, et qui sera le sujet de mon quatrième récit.

VIE D'ABANDON

Me voici entre les mains de Dieu. « Il faut me
laisser faire ! » a-t-il dit ; c'est là son vouloir souverain. Jusqu'alors le bon Maître avait marché
devant moi, pour me montrer la voie ; avec beaucoup de peine, je m'étais efforcée de le suivre, pour
gravir après lui la sainte montagne, tantôt tombant,
tantôt me relevant, tantôt isolée, tantôt appuyée sur
son bras tout puissant ; arrivée au dernier degré, je
ne l'aperçois plus, Jésus s'est caché ! et il ne me restait qu'un pas à faire, un seul pas, mais le plus
difficile. Il ne me perdait pas de vue cependant, tout
en se dérobant à mes regards. Je travaille, je lutte,
je m'efforce, je demeure impuissante ; je m'efforce

encore, et enfin j'arrive au sommet, déchirée, ensanglantée, prête à rendre le dernier soupir ; je crois y trouver le Sauveur, personne ! Haletante, je m'écrie : Seigneur ! où êtes-vous ? non comme Adam, qui se cachait après son péché : plus heu-reuse que lui, j'avais un Rédempteur, un Sauveur, je l'appelais, afin qu'il guérît mes blessures ! Il se montre : « Te voilà ! me dit-il ; en quel état es-tu ? — Seigneur, je suis exténuée, venez à mon secours ! — Comment ! et cette vigueur du cœur ? cette fougue de l'amour-propre ? cette force de la volonté, dont tu étais si fière ? qu'est donc devenu tout cela ? — Seigneur, je le reconnais ; sans vous, je ne suis qu'un pur néant ! Pour me sortir d'une si pitoyable position, que faut-il que je fasse ? — Il faut me laisser faire ! Je m'incline en signe d'assentiment ; alors Jésus s'approche de mon cœur, y fait une large incision, et en extirpe le venin de ma vie person-nelle, qui y était profondément enraciné ; à sa place, il y inocule une parcelle de la sienne, en me répé-tant : « Il faut me laisser faire ! Sache-le bien, ajoute-t-il, tout n'est pas fini ! le calvaire est encore loin du ciel : ferme les yeux, marche en aveugle ; abandonne-toi et compte sur moi ! Plus tu t'oublie-ras, plus tu seras assurée d'arriver à bon port ! » Ainsi abandon !... donc ma voie est toute tracée ; c'est celle d'accepter la vie, avec son cortège de

misères sans nombre, telle qu'il plaira à Dieu de
me l'envoyer. Pour le moment, je ne crois pas avoir
autre chose à faire. Dieu me soutient, j'en suis convaincue, mais il me cache son action ; il m'aide,
mais je ne sais où le rencontrer. Pour toute perspective, je ne vois que la mort ; elle marche devant
moi, j'en suis effrayée ; pourtant il me faut la suivre,
convaincue qu'au premier signal elle peut se retour-
ner et m'abattre à ses pieds ; puis je n'aperçois plus
rien au delà, qu'une ombre de crainte et de terreur!
c'est-à-dire que présentement la mort est le sujet
unique de ma méditation ; cette vue m'épouvante à
la vérité et m'oblige de recourir sans cesse à Dieu.
Autrefois c'était au tabernacle, plus tard ce fut au
Calvaire et enfin au ciel, où tour à tour je le trouvais, pour la satisfaction de mon cœur ; aujourd'hui
ce n'est plus cela : c'est Dieu dans son immensité,
dans son amour, dans sa miséricorde, oui, c'est
Dieu rencontré par la foi pure! Je me jette entre ses
bras, je ferme et les yeux et le cœur, je ne vois rien,
je ne sais où Il est, et quand même, j'attends tout de
Lui! Une grande fidélité à porter cette croix de la
Providence, que la nécessité ou plutôt le Seigneur
Lui-même m'impose, résume tout pour moi ; dévotions, actes de charité, etc., tout s'y trouve compris ; en un mot, c'est mon devoir du moment ; y
manquer, même dans la moindre chose, soit par

négligence, soit par pusillanimité, c'est toujours pour moi une faute, dont je dois m'humilier devant Dieu, et après quoi, appuyée sur son bras puissant, toujours reprendre courage ; encore une fois, cet acte d'union, qui est le fondement de ma vie, est le seul que Dieu m'impose. Je souffre de ne pouvoir participer aux œuvres de dévotion ordinaires aux âmes fidèles ; cette privation est un glaive tranchant qui coupe et détruit sans relâche toutes mes attaches ici-bas ; et cet isolement, vrai supplice de l'âme, mort anticipée du cœur, me laisse la souffrance, sans m'en enlever le mérite, parce que je me sens instinctivement portée à offrir tous mes sacrifices, toute ma pauvreté en union aux intentions de l'Église. Cet exposé que je retrace est un aperçu des mille péripéties que j'ai dû subir avant d'être résolument engagée dans cette voie de la foi pure, où je l'espère, je suis solidement et définitivement établie.

Il me reste à parler encore de huit ou dix années, dont je ne trouve rien à dire ou à peu près : la vie d'abandon est uniforme ; elle n'a ni luttes ni combats : on a mis bas les armes. En cas d'attaque, vite on crie au secours, et Dieu se charge de répondre pour nous, ou du moins avec nous. Cependant, une obligation y est renfermée, dont on doit faire son exercice de prédilection : c'est de veiller avec soin à ce qu'il n'y ait en nous rien qui, par notre faute, puisse déplaire à Dieu, pour ne pas l'éloigner, afin qu'Il soit toujours prêt à nous venir en aide. Je ne prétends pas dire que, dans cet état, l'on soit exempté de souffrir, non!... Mais je parle de moi, ne connaissant rien en dehors de ma propre expérience ; je sais que j'éprouve une souffrance intime qui ne me quitte pas ; elle se montre quelquefois moindre, quelquefois pire ; lorsqu'elle est au plus fort, elle tend à me pousser au désespoir ; je ne puis rien à ce mal : ni fuite, ni distraction, ni raisonnement, rien n'est capable d'y apporter remède. Au reste, comme je l'ai dit, la vie d'abandon nous enlève notre volonté, nos forces propres, et exige ainsi que nous nous remettions entièrement à la disposition de Dieu ; donc se borner à l'appeler au secours et à l'attendre paisiblement, jusqu'à l'heure où Il veut bien se montrer, c'est tout ce qu'il y a à faire. Dans cet état, le secours des créatures ne peut rien pour adoucir nos maux : Dieu seul peut et veut nous être favorable. A mon endroit, il se montre, sans contredit, infiniment jaloux de cette prérogative : en voici une preuve évidente : Ma santé ne me permettant plus d'aller à l'église, je suis obligée de me confesser chez moi ; depuis plusieurs années, j'ai pour remplir cet office un digne prêtre, excessivement occupé, et qui, précisément pour cette raison, n'a que de rares et courts instants à m'accorder ; temps précieux dérobé

aux nombreux travaux de son ministére, dont,
certes, je lui suis très reconnaissante ; mais qui, dans
les commencements surtout, étaient loin de suffire
aux exigences de mon âme. J'en suis absolument ré-
duite à la vertu du sacrement, et cela encore à deux
mois d'intervalle ! Cette privation constante, en m'enlevant toute satisfaction personnelle, devint, pour ma
nature expansive, la mort du côté sensible ; condition
nécessaire sans doute pour seconder les vues du
Maître divin, qui évidemment veut me voir vivre
dans un dénuement complet de toute assistance humaine. Puis-je m'en plaindre ?... puisqu'en me soumettant à ce délaissement général, Il y supplée par
Lui-même ! En vérité jamais Il ne me manque, quand
le besoin réclame son intervention, qu'ai-je donc à
regretter ?... Seulement cela me prouve une fois
de plus que je dois cheminer sur cette terre d'exil
seule, avec Dieu seul cherché et trouvé dans la foi
pure.

En quittant le triste réduit où je venais d'endurer
une véritable agonie de vingt et un mois, j'allai habiter dans une maison bien située, sur un quai ; là j'avais
devant moi une vaste étendue de lumière et d'espace,
état de chose essentiel dans ma situation présente
pour me délivrer de ce cauchemar d'obscurité intérieure, qui m'avait envahie durant mon long séjour
dans ce vrai tombeau ; obscurité tellement incarnée

en moi que je voyais tout en noir; ce changement me réussit, et puis pendant ce temps Dieu avait fait son œuvre, la lutte suprême était terminée : double raison qui contribua à me rendre un peu de calme. J'éprouvai encore dans cette demeure plus d'une contrariété; mais en les comparant avec tout ce que j'avais souffert dans l'autre, je me trouvais en paradis; malheureusement, je n'étais là qu'en sous-location, et j'avais toujours en perspective un nouveau déplacement. En effet, après une année écoulée, je ne pus renouveler mon bail; on ne consentit à le prolonger que de trois mois en trois mois, parce que d'un moment à l'autre, on pensait avoir besoin du local. Afin de ne pas m'exposer à être forcée de déloger en hiver, je quittai cet endroit, et je vins m'établir où je suis maintenant, appartement que j'habite depuis huit ans bientôt.

Pendant ces huit années, rien de saillant que je puisse relater ne se présente à ma mémoire, si ce n'est que tout ce temps j'ai traîné une croix tantôt plus, tantôt moins lourde; elle a toujours rapport à trois sujets différents : premièrement, cette souffrance de l'âme, dont j'ai parlé plus haut, que je ne sais comment définir; je la porte avec moi, c'est moi! chaque fois que je me retrouve, je sens son aiguillon. Est-ce la solitude qui me la cause? Est-ce le dégoût de la vie et le désir de la patrie? Un peu de tout cela réuni, je crois. Le fait est que je m'ennuie sur la terre ; et cependant, lorsque je me place en face de la mort, sa vue me fait éprouver un sentiment d'effroi. Deuxièmement, ce mal que m'occasionne le bruit, peine qui est ma fidèle mais bien importune compagne. Troisièmement enfin ma santé qui me condamne aux plus durs sacrifices. Ces trois points distincts composent ma « croix quotidienne », ou si l'on veut « croix de Providence ».

On se souvient, sans doute, qu'à l'époque du décès de mon père, pour calmer mon inquiétude au sujet de son éternité, j'offris à Dieu, — n'ayant pas d'autre objet de sacrifice à lui présenter, — d'abord dix mille francs, qu'Il a agréés, on le sait, car je les perdis bientôt après dans les mauvaises affaires du notaire M. L... ; puis presque au même moment, je consentais à abandonner encore trois autres mille francs, toujours à la même intention. A propos de cette dernière somme, je n'avais eu aucune solution ; et lorsque le souvenir s'en présentait à ma mémoire, je me disais : Dieu n'a pas jugé bon d'accepter mon offrande !

Mais tout à coup l'effondrement de l'*Union générale* vint me prouver le contraire, en m'emportant bien au delà de ce que j'avais pensé donner à Dieu. Cependant, tout calcul fait, après plusieurs rentrées qui me sont parvenues, c'est à peu près le chiffre désigné pour cette seconde offrande que Dieu s'est réservée; incident que je note, et qui, j'en suis convaincue, entrait dans des vues de miséricorde, de la part de cet incomparable Maître. Je veux dire que, sans que cela ai pu être observé, cette diminution dans mes moyens de vivre a changé totalement ma position sociale; j'en ai fait la remarque, et je ne le regrette pas. Avec l'avoir que m'avait laissé mon père, conservé intact, j'aurais pu me faire servir, et j'aurais ainsi tenu une certaine place dans le monde; tandis qu'une vieille fille seule se perd dans la foule, quand elle n'y est pas méprisée! Que de fois, à ce sujet, me suis-je écriée : « Merci, mon Dieu! » car avec la fierté de ma nature, je me serais crue quelque chose; j'aurais voulu marquer ma place par un certain cachet de distinction, mais, quoique peut-être à l'insu de ma volonté, cela n'en eût pas moins existé; et plus j'y aurais trouvé d'avantages personnels, plus la part de Dieu en eût été amoindrie!

L'année dernière, je restai au lit une partie de mois de février; je croyais bien ne m'en plus relever; mes connaissances en étaient également persuadées : Dieu en a décidé autrement. J'ai été longtemps à me remettre ; pourtant, à la fin, je me suis retrouvée debout, à mon grand mécontentement. Voici ma pensée : j'étais en voie de disparaître, et

tout semblait s'être réuni pour m'en faciliter les
moyens : car au début de ma maladie, je rencontrai
tout ce dont j'avais besoin : le prêtre d'abord, ce fut
mon premier souci, puis une garde-malade, etc. ;
pourquoi, puisque j'étais prête à quitter cette terre
de misères, n'avoir pas pu à ce moment-là en finir
avec elle ! En me revoyant sur pied, cette question
se présenta spontanément à mon esprit : « Pourquoi
Dieu veut-il encore me tenir en ce monde ? » Afin de
ne scandaliser personne, j'ajoute qu'aussitôt et sans
plus d'examen, je m'empressai d'acquiescer à la Volonté suprême, par une acception complète. Mais
bientôt et souvent la même réflexion revint à mon
cœur, plutôt qu'à ma pensée. En effet, je me trouve
si nulle, si surchargée de ma lourde croix, et surtout
n'ayant plus en perspective que la vieillesse !... La
vieillesse ! oh ! quelle triste chose !... J'entends dire :
« C'est beau ! c'est bon ! la vieillesse ! » Je ne suis pas
du tout de cet avis : la vieillesse ne peut plus, c'est
incontestable ; et cela suffit pour me la montrer sous
un triste aspect : on peut y conserver une certaine
vigueur, mais sous le rapport de la mâle énergie qui
seule conduit à bien les choses difficiles, elle nous a
fait à jamais ses adieux. Je suis heureuse que Dieu
me tienne dans une voie passive : s'il me fallait aujourd'hui lutter comme autrefois, à tout coup je
serais vaincue. Aussi, voilà mon principe : N'atten-

dons pas trop tard pour faire de bonnes actions : nous risquerions de partir les mains vides !

Qui l'aurait cru? ce moment de maladie, d'arrêt, au lieu de m'affaiblir, m'a laissé moins languissante; non pas comme santé, je suis la même, mais au moral, je me sens plus d'entrain, plus de lucidité: la preuve, c'est qu'il y a trois mois à peine j'ai eu subitement l'idée d'écrire ce petit résumé de ma vie; aussitôt j'ai mis la main à l'œuvre, et je suis sur le point d'en finir; assurément, je n'aurais eu auparavant ni la force, ni le courage de l'entreprendre; que Dieu y trouve sa gloire, je ne le sais; mais il me semble, en m'occupant de ce travail, avoir fait sa volonté !

Je me résume : Laisser faire Dieu, c'est la vraie sagesse! toujours son action souveraine tend à notre bonheur! Plus les moyens dont il se sert nous paraissent sévères, plus ils sont propres à nous devenir profitables. Ainsi : abandon !

Aujourd'hui, 10 mai 1885, je m'arrête dans ce récit. Qui sait le temps qu'il me reste à passer icibas? le temps que j'ai encore à vivre? éloignée du ciel, ma patrie, où je jouirai enfin de mon Dieu, sans craindre de le perdre jamais.

Dernièrement, je me plaignais amoureusemet à Lui du retard qu'il met à accomplir mes vœux; je lui disais, avec toute la sincérité d'un cœur profondément convaincu: « Mon Dieu ! vous ne m'aimez donc pas ? Si vous m'aimiez comme je vous aime, il y a longtemps que vous m'auriez appelée à vous ! » Toutefois, sa volonté avant la mienne !

Je ne veux pas terminer cette histoire, sans dire un dernier mot sur l'état présent de mes dispositions intérieures. Comment vais-je m'expliquer ? L'attention vers Dieu suffit aux besoins de mon âme ; la remise de tout moi-même à sa garde souveraine me donne la paix ; cela m'aide, toute en me laissant bien sentir le martyr de la souffrance. Oui, penser à Dieu, compter sur Lui, c'est tout pour moi ; aujourd'hui je ne puis pas faire autre chose ! Et lorsque je suis fidèle à cette loi d'amour qu'Il veut m'imposer, il me semble que ma vie est remplie ! Si je suis encore en ce monde, c'est qu'une foule d'imperfections de ma nature forcent Dieu, dans sa miséricorde, à m'y tenir pour me purifier. Ainsi je dois travailler à vouloir toujours mieux ce qu'Il veut, par l'abandon ! Ce qui me reste à faire, Lui seul le sait ; donc toujours abandon ! Mon Dieu ! jusqu'au bout aidez-moi, soyez avec moi ! Oh ! que je suis heureuse d'en être arrivée à ce point que Dieu soit mon unique appui ! En vérité, je ne vois rien, plus rien sur la terre qui, dans la détresse, puisse me prêter aide et secours ! A cette pensée, si ma nature frémit, mon âme prend, dans ce martyr inexprimable, une vie nouvelle ; forte de sa faiblesse même, elle s'envole libre et légère, pour crier miséricorde, vers le Tout Puissant bien-aimé, qui seul compatit à ses maux et y porte remède. Là, toujours je trouve sinon de la consolation, du moins un secours suprême, une main divine qui presque à mon insu, rassemble les épaves de ma nacelle submergée et la remet à flots; et ainsi replacée sur mon pauvre navire, je pars de nouveau!

Ce rapport direct avec Dieu, cette réclame continuelle vers son assistance bienfaisante, cette recherche incessante de son regard protecteur remplit ma vie; à tel point que si je rencontrais sur ma route une âme, ou une œuvre quelconque, ou un simple exercice qui m'attachât, me préoccupât tant soit peu, je l'éviterais; il me semble que ce serait une injure, un larcin commis à l'égard de ce Dieu dont les desseins sont impénétrables, qui se montre jaloux de me posséder tout entière.

Merci, mon Dieu! de m'avoir fourni, au déclin de ma vie et au moment où j'y pensais le moins, la faculté d'entreprendre et de mener à bonne fin ce petit ouvrage, qui, une fois de plus, me révèle au grand jour toutes vos bontés pour moi. A travers vos rigueurs, je ne vois que votre amour! J'y découvre des moyens de perfectionnement, choisis de main de maître, pour porter remède aux grandes misères de mon âme. Faites, Seigneur, que, toujours de plus en plus soumise à votre action divine, je sache mettre à profit le temps qui me reste et les épreu--ves que vous me réservez encore pour achever l'œuvre de ma sanctification suivant vos desseins ado-rables ! »

Toutefois, avant de clore définitivement ces lignes, je désire faire connaître mon appréciation sur la dé-votion au cœur de Jésus. Il y a une année à peine, j'adressais les réflexions suivantes à un saint prêtre, à même d'en juger ; je les retrace ici, elles rendront ma pensée. « La dévotion au Sacré Cœur qu'on nous offre aujourd'hui, comme un moyen de régénération, ne produit pas sur moi le même entraînement que je remarque en beaucoup d'autres : une obscurité, un certain doute à ce sujet pèse sur mon âme; à mon avis, l'Eucharistie possède à elle seule assez d'effi-cacité, assez de vitalité pour opérer ce prodige de régénération. Je lisais dernièrement qu'un membre du congrès eucharistique proposa d'unir les deux dévotions, qui, disait-il, sans cette entente, sans cette liaison intime, pourraient se nuire l'une à l'autre. La vérité me parut jaillir comme un trait lumineux de cette proposition ; en effet, jusqu'à ce jour, sous quelle forme a-t-on présenté à la vénération des fidèles la dévotion au Sacré Cœur ? une image! une reproduction, qui n'a pas même la réalité d'un cœur naturel conservé !... et sur quelle base l'appuie-t-on?

C'est l'amour, dit-on, c'est la charité!... Mais la charité, mais l'amour peuvent-ils se trouver ailleurs que dans l'Eucharistie? le cœur du Dieu fait l'homme peut-il être autre part? Là, il existe tout vivant, tout palpitant, s'immolant chaque jour et à tous les instants du jour pour le salut du monde! En vérité, l'Eucharistie possède seule assez de vertu, assez de puissance pour convertir, pour captiver les âmes! Ailleurs que là, la dévotion au Sacré Cœur ne me paraît qu'un mot, qu'une nouveauté! Je sais qu'aujourd'hui on réclame de la nouveauté; mais il ne faut pas que ce soit au détriment de l'éternelle vérité, sous peine de ne produire que des fruits défectueux. Je dis donc que ceux qui ont la science pour instruire et le droit de le faire devraient travailler à réunir en une seule ces deux dévotions; que l'on présente, si l'on veut, un nom ou une forme nouvelle, mais que le fond s'allie, s'adapte à l'ancienne, de manière à former une unité parfaite. Jésus, le Dieu Sauveur, est dans l'Eucharistie toujours présent en corps, en âme et en divinité; pourquoi vouloir diviser, disperser le culte qui lui est dû? En prêchant la dévotion au Sacré Cœur qu'on exalte ses attributs divins, rien de mieux; mais qu'on amène les âmes à le chercher, à le trouver dans le Tabernacle, parce qu'en réalité il n'est et il ne peut être que dans le tabernacle. Si je ne me trompe, la dévotion à ce divin Cœur ne sera bien

comprise, et surtout ne sera effective que par ce procédé. Puisse le Dieu d'amour éclairer ceux qui l'aiment, et en faire de dignes apôtres de son inaltérable
charité ! »

J'ai toujours considéré le Sacré Cœur et l'Eucharistie comme un seul et même but, vers lequel on
doit tendre. L'Eucharistie c'est l'amour!... l'amour
est le produit du cœur!... donc tout est renfermé là;
peut-on concevoir autre chose ? J'apprends avec
bonheur qu'à l'occasion du dernier congrès eucharistique, tenu à Fribourg (septembre 1885), on remar-
quait dans une chapelle, où se rendaient les membres
du congrès, ces mots gravés sur la porte du tabernacle : « Mon cœur est là! » Oui, le cœur de Jésus
est là ! rien de plus judicieux que cette assertion; ce
cœur divin n'est-il pas le centre, la vie de l'Eucharistie? Qu'on enlève de l'auguste mystère de nos
autels le cœur du Dieu fait homme, qu'en resterat-
t-il? On ne peut pas non plus le diviser, ce cœur; donc
il n'est que dans l'Eucharistie et il ne peut être goûté
avec fruit que dans l'Eucharistie. Le culte d'ado-
ration, d'amour, d'imitation qu'on lui rend, ne peut
trouver son complément parfait que là, parce que là
seulement nous consommons notre union avec lui
par la sainte Communion. Et je dis qu'il ressortirait
de l'emploi de ce procédé un immense avantage, celui
de réveiller le culte de la divine Eucharistie, si peu

connu de nos jours ; non le mystère eucharistique
n'est plus compris, il n'attire plus, il n'attache plus,
parce qu'il n'est plus apprécié à sa juste valeur ;
n'étant pas assez défini, il parait terne, on le croit
vieux. Eh bien ! ce nouveau mode de faire répandrait
sur lui une lumière nouvelle (système approprié au
goût du siècle), qui tout en gardant intacts les premiers principes produirait un mouvement de pro-
gression, un stimulant propre à ranimer dans les
âmes l'ardeur éteinte que réclame ce sacrement
d'amour. Oui, ce serait là une nouveauté efficace, nécessaire, indispensable, qui infailliblement produirait
de merveilleux résultats. A cette fin, on dirait aux
âmes : Venez au tabernacle ; là vous trouverez le
cœur de votre Dieu !... et l'œuvre divine s'accom-
plirait ; et en exaltant ainsi, mieux que par tout autre
moyen, la dévotion au Sacré Cœur de Jésus, on ré-
pondrait parfaitement aux vues de ce Dieu sauveur.
Dans ses révélations, ne se plaint-il pas avant tout du
délaissement où le réduit dans son sacrement d'amour
l'oubli des créatures ? et c'est précisément pour parer
à cette indifférence, qu'à juste titre il taxe d'ingra-
titude, qu'il nous offre l'attrait de son cœur, comme
un mobile tout puissant pour ramener à Lui tant
d'âmes oublieuses de ses bienfaits. Or, à l'évidence,
la route est toute tracée : ce qui étonne c'est qu'on
ne l'ait pas plus tôt découverte ! Oui, l'Eucharistie

est le centre unique et vivant du christianisme ;
donc le cœur du divin Maître ne peut être trouvé
que là.

Pour compléter ma pensée dominante, et achever
cette œuvre dans le même esprit que je l'ai com-
mencée, j'ajoute : Aujourd'hui on multiplie à l'infini
les moyens de salut, au risque de distraire les âmes
du but principal qui doit y conduire : Dieu, son
amour, sa volonté, sa gloire ! Certes en voilà bien
assez pour captiver un cœur ! Ce que l'on ne dit
pas, l'essentiel pourtant, que l'on devrait, mais que
l'on n'ose pas dire, c'est que Dieu ne se trouve que
par le sacrifice ! On parle beaucoup de prière, peu
de mortification ; et cependant le christianisme n'est
qu'une religion de pénitence ; Dieu est continuellement offensé ; il lui faut donc une réparation perma-
nente ! — Pénitence ! ce mot effraye, néanmoins le
joug de la pénitence bien comprise est plutôt doux
qu'amer. Oui, en simplifiant les choses, et en les
appréciant à leur vrai point de vue, la pénitence
peut devenir très efficace, sans être trop difficile à
pratiquer. Il suffit d'accepter en vue de Dieu, pour
lui obéir et pour lui plaire, les peines de notre état,
parmi lesquelles on doit placer au premier rang le
support du prochain, le pardon des offenses reçues,
et mille autres sujets de souffrance, dérivant de nos
inévitables rapports avec les créatures ; cette règle

est générale, nul n'en est exempt ; et en vérité,
envisagée sous son vrai jour, elle adoucit les rigueurs
de la vie, en nous procurant, si nous avons soin de
recourir incessamment à Dieu, une abondante mesure de secours et de consolations, que le Seigneur
tout miséricordieux ne refuse jamais à celui qui
l'implore. Ainsi je conclus, la soumission du cœur
est la vraie pénitence que tout chrétien doit pratiquer. Pour faciliter l'application de cet exposé, je
me résume en adressant à mes amis ce vœu de mon
âme : Essayez, et vous jugerez !

Si au premier abord, la croix nous semble intolérable, après un peu d'expérience, on reconnaît facilement qu'elle renferme en elle-même un trésor
caché, qui ne se trouve nulle autre part ; d'abord
elle est le seul appui qui, sur la terre ne nous manque jamais ; ensuite elle nous fournit une ressource
intarissable de force, de lumière, qui nous met à
même de traverser en héros tous les événements de
la vie ; enfin elle est l'unique bien auquel le chrétien
puisse légitimement et prudemment s'attacher. Chaque jour, nous ne le savons que trop, tout s'écroule
sous nos pas, tout nous échappe, même les faveurs
dont le Seigneur nous avait enrichis. Cependant il
nous faut, dans notre pèlerinage, une compagne
d'infortune ; notre cœur ne saurait marcher sans cet
indispensable secours, et notre âme le réclame peut-

être encore plus impérieusement ! Eh bien ! attachons-nous à la croix, et nous y trouverons ce que le monde entier ne peut nous donner : la résignation et l'amour.

Me trouvant un jour plus accablée qu'à l'ordinaire sous le poids de mes souffrances habituelles, je me perdais, enveloppée de désespoir, dans cette pensée : Quelle vie est-ce que je mène ! Sur tous les points elle me paraissait intolérable. J'en étais au plus fort de la tourmente lorsque j'entendis une voix répondre à la question que je formulais en moi-même par ces paroles distinctement prononcées : *La vie des saints !* Il est donc vrai, me dis-je alors, que le chemin tracé par la *croix* est la route royale qui conduit à la gloire... et cette réflexion, en ranimant mon espérance, me rendit le courage qui était prêt à me faire défaut.

Ne différons donc pas de la choisir pour guide ; instruit par ses divins enseignements on acquiert la science par excellence, celle de savoir se plier sans résistance à l'exercice du sacrifice que la vie nous fournit chaque jour : sacrifices de désir de volonté propre que souvent nous devons immoler à l'ordre du Maître souverain qui, à juste titre, et toujours dans des vues de miséricorde, se réserve le droit de régler à son gré le cours de nos destinées. Sachons-le bien, le sacrifice humblement accepté est le mobile particulier qui nous attache à Dieu, parce que c'est l'acte le plus expressif de notre dévouement pour Lui, et qu'en échange de notre bonne volonté ce Dieu, principe de toute force, de toute consolation, et qui jamais ne se laisse vaincre en générosité, communique à notre âme un attrait fort et consolant, produit de sa substance, qui établit même dès cette vie, entre Lui et sa misérable créature, un lien indissoluble. La méthode du sacrifice mis en pratique est, non pas facile, mais très simple dans son exécution : il suffit au milieu de nos angoisses, à l'exemple du Sauveur abîmé de tristesse au jardin de l'agonie, de crier vers notre père qui est dans les cieux : Père miséricordieux, faites que cette peine, que cette contradiction, que ce calice s'éloigne de moi ! il me parait bien amer ! Néanmoins, si vous jugez bon que je l'épuise, que votre volonté se fasse et pas la mienne !.. Si l'on savait quelle saveur est renfermée dans cet exercice de soumission, de renoncement, on n'hésiterait pas un seul instant à l'adopter pour règle de conduite : sous de rigides apparences on y goûte une onction secrète délicieuse, que je nomme : la paix en Dieu ! heureux état, le plus digne d'être envié ici-bas...

« Me voici, mon bien-aimé Jésus ! je viens à vos pieds retremper mon courage prêt à défaillir, sous le fardeau de mes peines ! Permettez moi d'y déposer pour un instant ma croix, cette croix si lourde, mais néanmoins tout aimable, que votre amour m'impose, Il n'y a que votre main toute-puissante qui puisse en alléger le poids, et votre miséricordieuse bonté qui veuille y compatir, d'une manière satisfaisante pour mon cœur !...

« *O croix de mon Sauveur, c'est à vos pieds que je veux vivre ! et dans vos bras que j'espère mourir !!! »*

DERNIÈRE RÉFLEXION DE L'AUTEUR

Aimer, c'est se dévouer ! se dévouer, c'est vivre sous la dépendance absolue de l'objet que l'on aime ! donc savoir agir sous l'influence immédiate de la pensée de Dieu, voilà le secret d'aimer notre adorable maître. Quelle précieuse science ! Ce souvenir divin perfectionne nos actes ; il les dirige, les ennoblit, les sanctifie ; et cela se fait facilement ; il suffit de se prescrire une fois pour toutes, avec un énergique bon vouloir, cette règle céleste : *Vivre sous le regard de Dieu !* Puis on en prend l'habitude, et bientôt on ne saurait se passer de ce tout-puissant appui ; à mon avis, c'est la prière par excellence, parce que, ainsi dominé par un sentiment de ferme confiance, l'esprit, le cœur, la volonté d'un commun accord s'élèvent par un élan simple, mais bien consenti, vers ce Dieu, l'unique maître de nos destinées... comptent sur Lui... et par cet acte de vive foi qui, du fond de notre âme, atteste son existence, tout en bénissant sa mémoire, rend un hommage souverain à sa puissance, à son amour, en un mot à ses attributs infinis... N'est-ce pas ainsi que l'on aime?...

FIN

LYON. — IMPRIMERIE PITRAT AÎNÉ, RUE GENTIL, 4